交通基础设施与
城市经济发展

郑腾飞◎著

TRANSPORTATION INFRASTRUCTURE AND
URBAN ECONOMIC DEVELOPMENT

经济管理出版社
ECONOMY & MANAGEMENT PUBLISHING HOUSE

图书在版编目（CIP）数据

交通基础设施与城市经济发展/郑腾飞著 . —北京：经济管理出版社，2021. 11
ISBN 978 - 7 - 5096 - 8263 - 0

Ⅰ . ①交…　Ⅱ . ①郑…　Ⅲ . ①交通运输建设—基础设施建设—影响—城市经济—经济发展—研究—中国　Ⅳ . ①F512. 3②F299. 21

中国版本图书馆 CIP 数据核字（2021）第 232789 号

组稿编辑：谢　妙
责任编辑：申桂萍　王虹茜
责任印制：黄章平
责任校对：董杉珊

出版发行：经济管理出版社
　　　　　（北京市海淀区北蜂窝 8 号中雅大厦 A 座 11 层　100038）
网　　址：www. E - mp. com. cn
电　　话：(010) 51915602
印　　刷：唐山玺诚印务有限公司
经　　销：新华书店
开　　本：720mm × 1000mm/16
印　　张：11. 25
字　　数：160 千字
版　　次：2021 年 12 月第 1 版　　2021 年 12 月第 1 次印刷
书　　号：ISBN 978 - 7 - 5096 - 8263 - 0
定　　价：58. 00 元

前　　言

改革开放以来，中国城市化进程快速推进。至 2017 年底，人口城镇化率已达 58.52%，城市经济在国民经济中已占 63.32%。[①] 中国已迈入"城市时代"。与此同时，中国城市发展中仍存在诸多问题：城市间分工不尽合理，城市网络体系仍在构建之中，劳动技能匹配水平较低，公共服务、基础设施有待改善。如何应对城市化进程中的重大问题也日益成为中央和地方政府关注的一个核心议题。党的十九大报告指出，"把提高供给体系质量作为主攻方向，显著增强我国经济质量优势"，并明确要"加强水利、铁路、公路、水运、航空、管道、电网、信息、物流等基础设施网络建设"。为增强全国城市和区域经济协调发展、提高发展质量，城市与区域经济学者需要深入研究如何合理规划我国城市和区域交通基础设施以提高城市间合理分工水平、改善劳动力技能匹配，并且揭示我国城市体系中各类城市和相关产业间相互作用的等级效应与网络效应。相关研究成果将对各地经济发展有非常明显的参考意义。

首先，本书研究空间功能分工和交通基础设施对劳动生产率的协同效应，在区域间贸易理论和区位论的基础上，利用中国工业企业数据和城市面板数据

---

① 资料来源：国家统计局和《中国城市统计年鉴》。

进行实证检验。研究发现，区域交通条件的改善可以显著降低异地交易成本，增强空间功能分工的专业化收益；交通基础设施的发展对制造型城市空间功能分工效应的提升作用更为明显。进一步研究发现，交通条件和空间功能分工对企业生产率的影响存在明显的行业差异：区域交通条件的改善更有助于提升低技术行业的空间功能分工效应。此外，从高速公路建成到产生空间功能分工效应之间有较长的时滞：通常在高速公路建成多年后，相关城市的企业才能明显获得空间功能分工演进带来的收益。

其次，本书在已有研究基础上，利用上下游产业空间相关和城市等级、网络效应模型和中国工业企业数据，深入检验了制造业在城市体系中的空间相关效应。研究结果证实：城市群内网络竞争更加激烈，上游产业更加依赖群外市场，下游产业则明显受益于群内上游产业的发展；群内中心城市的经济增长抑制了其他城市制造业的发展。研究结果还显示，交通基础设施和城市网络协同作用于城市工业经济，促进了多数城市的制造业增长，也推动了发达城市的非工业化。

再次，本书研究城市交通条件对劳动力流动和技能匹配的影响，将劳动技能匹配引入城市交通条件—城市规模—生产率模型，利用全国所有城市的工业企业数据进行检验。结果显示：改善城市交通条件和增强技能培训均有助于提高生产率；城市交通条件、城市规模与技能培训具有替代效应；改善城市交通条件和扩大城市规模（通过改善技能匹配）能够提高生产率。对高、中、低技术产业的计量检验发现，城市交通条件和技能匹配对企业生产率的影响存在着行业差异和城市规模差异，改善交通条件有助于提高特大城市高技术产业生产率，促进高技术产业向特大城市集聚。

最后，本书构建包含路网密度和车辆密度的交通成本函数，分别分析城市居民和厂商的最优化问题，设置了城市经济效率模型，利用我国 266 个地级及以上城市 2003 ~ 2013 年面板数据估计了计量模型。结果显示：①路网密度对城市劳动生产率具有显著的非线性影响。随着车辆密度的增加，路网密度对城市生产率的促进作用会相应减弱。当前，我国城市路网密度对劳动生产率的作用弹性约为 0.0211。②路网密度和车辆密度对劳动生产率的影响与城市商业区、工业区规模密切相关。城市商业区和工业区规模越大，路网密度对劳动生产率的促进作用越明显。③城市路网密度对劳动生产率的影响存在显著的地区差异。在东、西部城市车辆密度取均值的条件下，城市路网密度对东、西部地区劳动生产率的作用弹性分别为 −0.0664 和 0.0369。而且，随着车辆密度的不断增加，东部地区的路网密度对劳动生产率的抑制作用越明显，而西部地区车辆密度的增加有助于提高路网运输的规模经济，提高劳动生产率。④"窄马路、密路网"的模式有助于缓解商业区规模较大城市的交通拥堵，提升车流密集的大都市区道路通行能力。

目　　录

第一章

绪　论

一、研究背景与意义

长期以来，经济学者一直致力于研究交通基础设施与经济增长之间的关系。发达的交通运输可以克服生产中的瓶颈制约，对经济发展的重要性毋庸置疑。然而，当前关于交通基础设施对地区间经济活动的研究仍然落后于现实的需要。随着交通基础设施的发展，生产环节分布在不同的城市，城市间的分工正由产品分工向功能分工演进。例如，北京、上海等中心城市逐渐演变为研发服务中心，而周边中小城市则承担起加工制造功能。城市之间专业化分工，有助于增强城市间的横向竞争与合作。然而，人们往往将注意力集中在高速公路（铁路）经过地区经济发展的变化，而忽略了交通网络中远距离城市间的相互作用。此外，城市内部劳动者技能与岗位需求不匹配的矛盾越来越突出。《人民日报》报道，2019 年第一季度城市劳动力市场求人倍率为 1.12，各类用工总需求的 12% 无法得到满足。媒体调查认为劳动力市场技术错误匹配导致人力资本无法全部转化为生产力。但是，迄今我们对交通基础设施及其他因素对劳动技能匹配进而对劳动生产率影响的机制知之甚少。另外，选择合适的路网模式对提高出行效率尤为重要。我国城市规划者在增加城市道路供给的过程中，往往比较重视尺度而忽视了密度，形成了中国特色的"宽马路、大路网"模式。这不仅给市民出行造成绕路、过马路困难等问题，也是交通拥堵的症结所在。可见，我国在推进交通基础设施建设过程中，不仅需要注重区域交通对地区间经济互动的影响，而且应关注城市交通基础设施的劳动技能匹配效应，并改善市内路网规划建设。

改革开放以来，中国交通基础设施建设发展迅速。2016 年，中国铁路运营里程达到了 12.40 万千米，公路里程达到了 469.63 万千米，其中高速公路里程为 13.10 万千米。同时，2016 年货运总量也在 2015 年的基础上增长了 5.05% 达到了 438.68 亿吨。2000~2016 年，我国城市道路总长度由 16.0 万千米延长到 38.2 万千米，道路面积由 23.8 亿平方米增至 75.4 亿平方米①。然而，城市交通基础设施的发展可能会引致大量的汽车需求，同时也会带来拥挤负外部性。据统计，我国民用汽车拥有量在 2018 年达到 23122 万辆，比 2003 年增加了近 10 倍。② 1999~2018 年我国道路里程数和民用汽车拥有量如图 1-1 所示。该图显示，2008 年前后，我国铁路营业里程数、高速公路里程数和民用汽车拥有量均呈现加速增长趋势。

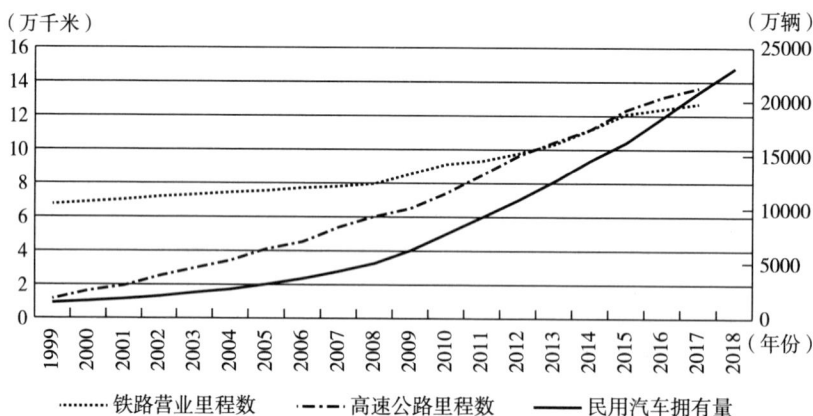

图 1-1 1999~2018 年我国道路里程数和民用汽车拥有量

资料来源：国家统计局。

交通和通信技术的进步降低了企业总部和制造部门分离成本，从而引起企

---

① 资料来源：《中国城市建设统计年鉴》。
② 资料来源：国家统计局。

业组织结构和城市结构变迁。屡见新闻媒体报道，北京和上海等地开始将一般性的制造业和核心功能中非核心环节向周边城市转移。不仅北京、上海等特大城市产业的空间布局正在发生深刻变化，其他地区也正在经历产业重构。2018年《中国城市竞争力报告 No.16》显示，成熟城市群内制造业向周边扩散，非城市群内城市产业结构趋于低端服务业化。城市功能分工使中心城市疏散了非核心功能、促进了功能升级。依托空间功能分工优化产业布局、促进区域协调发展已成为政府和学术界高度关注的改革热点。2018 年政府工作报告指出，要以疏解北京非首都功能为重点推进京津冀协同发展。交通基础设施的快速发展是促进地区间产业转移、加强区域合作的重要条件。《中共中央关于制定国民经济和社会发展第十三个五年规划的建议》强调，要高起点建设综合立体交通走廊，引导产业优化布局和分工协作。因此，我们有必要研究交通基础设施对空间功能分工有何具体影响，以及这种影响对于区间产业转移和协调发展有何启示。

随着运输成本的降低和规模经济的扩大，各个生产环节可以分散到不同城市，以便利用各城市的比较优势。产业链上不同环节的空间分布和关联构成了现代生产空间格局。为协调相邻城市的经济结构、提高专业化和规模经济效率，各地力图协调群内城市专业化分工与合作，构建综合交通网络、缩短时间距离，促进群内要素和产品的流动，形成地区城市网络。例如，珠三角地区通过建设城际轨道交通网络，打造以广州、深圳和珠海为枢纽的广东"2 小时经济生活圈"，促使"9＋1"城市间的商品和要素流动更加便捷，引导城市间产业分工和错位发展；武汉城市群也通过推进城际快速通道网络建设，发挥武汉对长江中游城市群的带动引导作用，推动群内大中小城市"同城化"。因而，一个城市群不仅是中心城市与小城市构成的等级系统，也是由横向联系的各类专业化城市构成的网络体系。以往的研究曾发现，中心城市本身的增长可能以牺牲其他地区的发展为代价，且增长极对腹地的带动作用只有在增长极成熟后才会出现（柯善咨，2009）。但是不同时期和不同测度的研究尚未得出完全一致的结论。研究城市群内上下游产业的相互作用可以揭示群内的竞争—互补网络效应，这比以城市经济总量测度扩散与回流更为确定也更有针对性。

交通基础设施不仅促进地区之间专业化分工，而且直接影响着劳动力流动性和技能匹配水平。在我国一些发达地区，城市交通条件改善显著提高了大城市职工通勤距离。2017 年 GDP 排名前十的城市职工平均通勤里程都在 8 千米以上，其中排名前三的城市的平均通勤距离更是突破了 12 千米。全国其他地区城市交通条件的改善同样有助于提高劳动力流动性、扩大劳动力市场规模、缓解技能错配、提高劳动生产率。根据《第一财经周刊》中国城市分级标准，2016 年我国三、四线城市的道路面积较上年增长了 8.6%（高于一、二线城市的 6.2%），而三、四线城市的月人均出行次数增长了 23.1%，增速是一、二线城市的近三倍。① 便利的交通和通勤条件显著提高了劳动力出行效率，也为更多城市提供了与大城市劳动力集聚同等的劳动力蓄水池效益。

尽管城市交通基础设施大为改善，但是我国城市人口和车辆数的增长更为迅速，城市道路交通拥挤问题日益突出，特大城市更是如此。修建道路是各地城市疏通交通的普遍对策。根据近十年《中国城市建设统计年鉴》数据，道路桥梁投资占我国城市十大类公用基础设施投资总额的一半左右，但是交通拥堵仍然是城市正常生产和生活的瓶颈。为此，我国政府强调要"优化街区路网结构。树立"窄马路、密路网"的城市道路布局理念，建设快速路、主次干路和支路级配合理的道路网系统"。因此，有必要研究"窄马路、密路网"的道路设计对城市交通能力的影响，从而为我国城市道路规划和建设提供依据。

交通基础设施建设是增强城市关联、优化资源配置，进而实现经济从注重

---

① 资料来源：《中国城市统计年鉴》《2016 智能出行大数据报告》。

总量增长向提高质量效益转变的重要途径。在城市发展不均衡的背景下，我国交通基础设施建设是否有利于促进中心城市和周边城市的分工合作，增强空间功能分工效应？交通基础设施能否推动生产的各个环节分散到不同城市，从而强化城市网络效应？交通基础设施是否能够增强劳动力流动、提高劳动技能匹配效应？当前我国城市路网模式与车辆密度是否匹配？在相同道路面积率下，"窄马路、密路网"的模式是否能提高城市道路通过能力？在什么情况下应把道路修得窄，如何为城市合理加密？系统地分析和解答上述问题，有助于我们厘清交通基础设施对城市生产率的作用渠道，对于推进区域分工与合作以及交通基础设施建设具有重要的理论和现实意义。

第一，亚当·斯密在《国富论》中强调了劳动分工对提高劳动生产率的重要作用。当前，发达国家正在经历从产业专业化向功能专业化演进。与发达国家城市相比，我们城市分工发展相对落后，这主要是因为受地方政府以往"大而全、小而全"的经济政策的影响。如果忽略本地区资源禀赋而坚持"做全"的观念，将不能发挥各地的比较优势，从而造成资源浪费。而且，各地区如果过度追求做全行业，把有限的资源用于低水平的重复建设，也不利于形成规模经济。随着交通基础设施发展，生产环节分布在不同的城市，城市间的分工正由产品分工向功能分工演进。例如，北京、上海等中心城市逐渐演变为研发服务中心，而周边中小城市则承担加工制造功能。以往关于空间功能分工效应的研究缺乏对微观企业层面的考察，而探讨生产环节分离对企业生产率影响的文献则缺乏区域层面的思量。因而，系统探究城市间的空间功能分工、交通基础设施对劳动生产率的影响，不仅有助于揭示区域交通条件对劳动生产率的影响机制，而且对于各地区充分融入区域分工体系，在更宽广的区域实现"做专做精"具有重要参考价值。

第二，我国悠久的经济和政治历史留下了自上而下完整的纵向城市等级体系，上级中心城市与下级市镇历来存在着密切的联系。然而，大规模专业化的现代生产又在全国大地上编织出各产业分布网络和上下游相关产业网络，在此基础上又发展出横向联系的城市网络体系。在全国城市等级—网络交叉关联背景下，我国政府为协调相邻城市的经济结构，提高专业化和规模经济效率，在各地普遍倡导了城市群发展战略。城市群正发展成为我国城市化和工业化进程中最具活力和潜力的核心地区。为了进一步发挥城市群在全国生产力布局中的关键作用，许多地区通过构建现代交通网络以缩小城际间时间距离，从而促进城市群内资本、劳动力等生产要素和产品的流动。未来几年，我国政府仍将加强城市群交通基础设施工程建设，建成京津冀、长江三角洲、珠江三角洲三大城市群城际铁路网，形成以轨道交通、高速公路为主骨架的城际交通网。研究交通网络如何影响全国城市体系和网络效应的变化以及如何影响城市群内城市分工合作和竞争，不仅有助于弥补我国学术研究的一些空白，也可以为制定和评价全国及各城市群交通基础设施投资政策提供若干统计依据。

第三，传统的新古典经济学理论认为，资本和劳动力等生产要素的数量和质量的差别是导致劳动生产率差异的原因。以克鲁格曼为代表的新经济地理学派强调运输成本的高低和规模经济的大小会促使区域经济形成"中心—外围"的空间结构，进而对不同地区和城市的市场规模与劳动生产率产生差异化影响。在此之后，新经济地理学者 Duranton 和 Puga（2003）通过正规理论模型分析指出，劳动力与工作岗位的匹配效率影响劳动生产率。以往国内外的研究反复检验和确认了集聚经济的三个主要来源——劳动力蓄水池、中间投入品的规模经济和技术外溢，但却忽略了交通条件改善对劳动力市场规模和匹配效率的影响。城市交通的发展不仅提高了城内原有劳动力的流动性，而且加强了城市内外联系，扩大了城市劳动力市场。研究城市交通条件对劳动者技能匹配和城市经济发展的影响不仅有助于填补我国学术研究的一些空白，也可为制定城市交通经济政策提供相应的统计证据。

第四，城市交通条件影响着居民个人出行和城市总体效率。对交通基础设施投资是缓解城市拥堵的需要，也是促进经济增长的重要手段。道路拥堵不仅提高个人出行成本、损害个人福利，而且影响厂商经营效率。目前，已有研究关注城市车辆密度对城市劳动生产率的影响，并估算中国城市交通拥堵成本和城市道路桥梁投资收益（柯善咨和郑腾飞，2015）。此外，周其仁在《城市化的下一程》中认为，我国城市交通拥堵未必是人口密度高的结果，也可能是因为路网不够密。在相同的城市道路面积率下，不同密度路网的道路通行效率存在明显差异（叶彭姚和陈小鸿，2008）。鉴于此，我们有必要考察城市车辆密度、路网密度与经济效率间的关系，并估计城市路网密度对交通通行能力进而对劳动生产率的影响，从而为我国城市道路规划和建设提供依据。

本书将在新经济地理理论、区位论和技能匹配理论的基础上，构建逻辑严密的区域和城市经济发展的空间框架，从理论上深入探讨交通基础设施和空间功能分工对劳动生产率的影响机制、交通基础设施和城市网络对城市经济发展的影响机制、交通基础设施和技能匹配对劳动生产率的作用机制，以及路网密度对城市生产率的作用机制。通过设置计量模型，利用中国工业企业数据库和中国城市数据对理论假设进行严格检验。研究结果将为我国城市经济发展和城市道路综合规划建设提供重要参考依据。

二、研究思路及内容框架

（一）研究思路

本书将"归纳事实、理论分析、提出假设、实证检验、政策建议"作为总体思路，从以下几个方面展开具体研究：

一是根据现实观察和相关文献总结我国当前经济发展过程中的特征事实：北京、上海等中心城市逐渐演变为研发服务中心，而周边中小城市则承担起加工制造功能；随着运输成本的降低和规模经济的扩大，各个生产环节可以分散到不同城市，中国传统的城市等级体系格局出现了扁平化趋势；劳动力供给与需求之间匹配效率较低，而城市和城际交通条件的改善扩大了劳动力市场的实际规模，缓解了技能错配；交通拥堵造成巨大经济损失，当前"宽马路、大路网"模式不仅给市民出行造成绕路、过马路困难等问题，也是交通拥堵的症结所在。二是以空间经济学和新经济地理理论等为基础分析交通基础设施对企业行为和劳动技能匹配的影响，归纳和总结其作用机制；基于交通拥堵的外部性原理，探索如何通过路网建设提高城市道路通过能力。具体而言，包含以下内容：

第一，根据区域间贸易、企业总部和工厂选址等相关的理论，演绎运输成本、空间功能分工与劳动生产率之间的关系，提出理论假设，进而运用中国工业企业数据和城市面板数据，实证检验空间功能分工与劳动生产率之间的关系，并进一步考察高速公路对空间功能分工效应的影响。

第二，根据区域间贸易、中间投入品和产业间投入产出理论与模型，刻画上下游产业在城市间的竞争和互补关系，构建城市网络计量模型，深入检验制造业在城市群中的等级效应和网络效应，进而分析交通基础设施和城市网络效应对城市经济增长的协同作用。

第三，将技能匹配引入 Venables（2007）的交通条件-城市规模-生产率理论框架，分析城市交通条件、城市规模和劳动技能匹配对企业生产率的影响，进而设置计量模型，利用全国工业企业数据检验交通基础设施和技能匹配对生产率的影响。

第四，构建一个包含路网密度和车辆密度的非线性交通成本函数，随后分别分析城市厂商和居民的最优化，最后设置一个城市经济一般均衡的计量模型，利用地级及以上城市数据检验路网密度对劳动生产率的影响，并为有效地进行交通基础设施投资建设提供政策建议。

（二）框架结构

本书共有七章内容，其逻辑结构和基本内容如下：

第一章介绍本书研究的背景、意义、研究思路和分析框架以及可能的创新点。

第二章是文献综述。这部分首先探讨交通基础设施与经济增长之间的关系，然后从生产成本、产业分工与资源配置、交通拥堵的外部性等视角分别阐述交通基础设施对劳动生产率的影响，进而探讨如何有效地进行路网建设。

第三章研究交通基础设施、空间功能分工对劳动生产率的影响。首先，该部分在区域间贸易、企业总部和工厂选址等相关的理论基础上构建了理论和计量模型。其次，检验了区域交通条件、空间功能分工与劳动生产率之间的关系。再次，比较分析了交通基础设施的发展对服务型城市（中心城市）和制造型城市（外围城市）空间功能分工效应的不同影响，以及交通条件和空间功能分工对企业生产率的影响是否存在明显的行业差异。最后，讨论了研究结果在制定和评价基础设施建设和产业布局政策中的参考意义。

第四章分析交通基础设施和城市网络对城市经济增长的协同影响。本章基于新经济地理和城市体系结构概念构建上下游产业的城市等级与网络效应模型，深入检验制造业在城市群中的空间相关效应以及交通基础设施和城市网络对城市经济增长的协同影响，并扼要讨论了相应的政策含义。

第五章探讨交通条件、城市规模和劳动技能匹配效应。这部分将劳动技能匹配引入交通条件—城市规模—生产率模型，然后探讨交通条件、城市规模、技能匹配与劳动生产率之间的关系，并进一步比较交通条件和技能匹配对企业生产率的影响在不同行业和不同规模城市间的差异，为制定和评价经济发展和结构调整政策提供了参考。

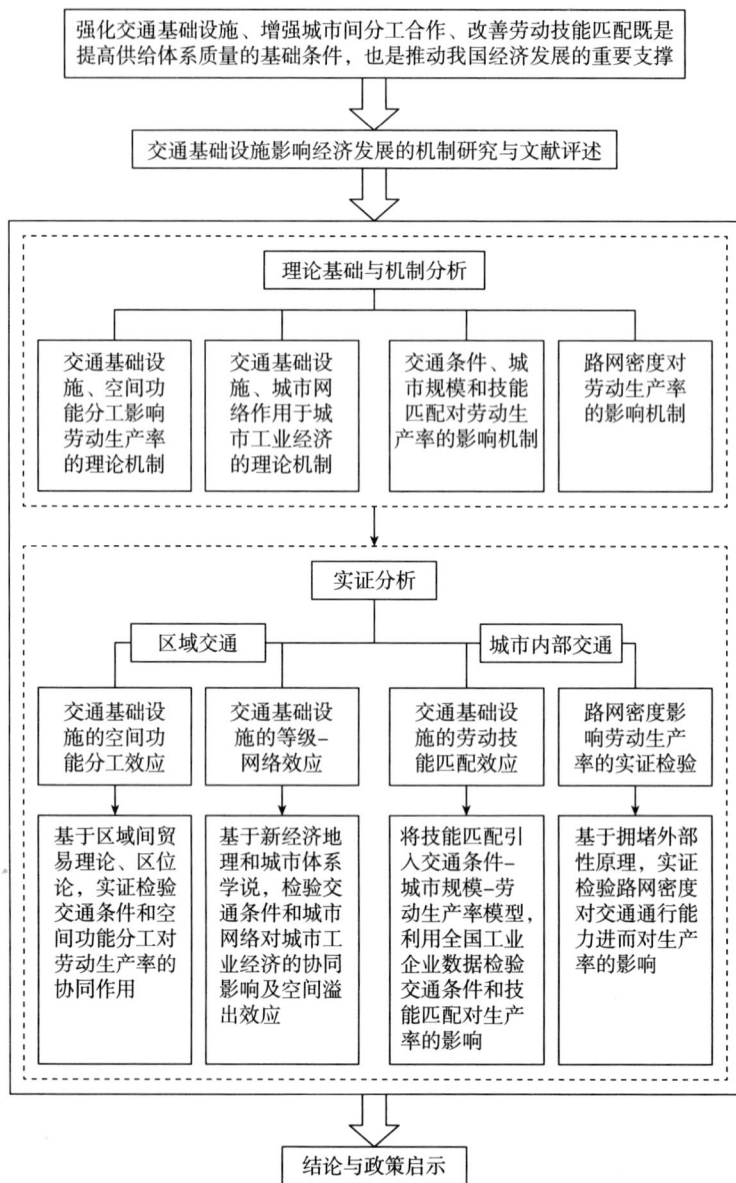

图1-2 本书的技术路线

第六章研究了路网密度对城市劳动生产率的影响。该部分在构建交通成本函数的基础上，分别分析了城市居民和厂商的最优化问题，进而设置了城市经济效率模型，考察了路网密度与经济效率间的关系，并估计了城市路网密度对交通通行能力进而对劳动生产率的影响，以及城市不同功能区路网密度和车辆密度对劳动生产率影响的差异，从而为我国城市道路规划和建设提供了依据。

第七章在系列研究的基础上总结和评价交通基础设施促进劳动生产率提高的机制，提出促进区域经济一体化和注重城市之间协同发展的建议，并展望了未来的研究。

本书的技术路线如图 1 - 2 所示。

三、可能的创新点

第一，研究视角方面，交通基础设施对厂商间的分工合作和劳动力流动有着重要影响。然而，现有文献并没有从厂商产品内分工（价值链）和上下游产业竞争与合作（产业链）等角度探讨交通基础设施的空间功能分工效应和城市体系的等级与网络效应，也未对交通条件如何影响劳动技能匹配进行系统分析。本书不仅分别从空间功能分工、城市体系的等级和网络效应、劳动技能匹配等视角阐述了交通基础设施对劳动生产率的影响，还分析了交通基础设施建设模式，探讨了"窄马路，密路网"的模式是否有助于缓解城市交通拥堵，提高车辆通行效率。

第二，分析框架方面，本书以交通成本为纽带，通过整合区域间贸易理论、企业选址理论、劳动技能匹配理论、中间品投入和产业间投入产出理论以及拥堵的外部性理论等，构建统一的分析框架，探讨交通基础设施与劳动生产率之间的关系，为促进企业和城市经济发展奠定了理论基础。首先，本书根据

Fujita 等（1999）和梁琦等（2012）的区域间贸易、企业总部和工厂选址等相关的理论，演绎运输成本、城市功能分工与劳动生产率之间的关系，进而提出理论假设。其次，根据 Krugman（1991）、Venables（1996）和 Fujita 等（1999）的区域间贸易、中间投入品和产业间投入产出理论和模型，刻画上下游产业在城市间的竞争和互补关系，进而构建城市网络计量模型。再次，将技能匹配引入 Venables（2007）的交通条件—城市规模—生产率理论框架，分析城市交通条件、城市规模和劳动技能匹配对企业生产率的影响。最后，构建一个包含车辆密度和路网密度的非线性交通成本函数，随后分别分析城市厂商和居民的最优化，进而设置城市经济效率模型。

第三，研究内容方面，有关交通基础设施的国内外文献广泛关注交通基础设施与相关经济变量间的关系，但交通基础设施究竟通过何种途径作用于企业和城市劳动生产率？不同类型交通基础设施（区域交通和城市交通）的作用机制和作用程度如何？如何进行有效的交通基础设施建设？现有文献并未达成共识。本书将致力于识别交通基础设施对劳动生产率的影响途径和作用程度，并探讨进行路网建设的有效方式。

第四，样本数据与变量测度方面，本书的实证不仅检验交通基础设施对城市经济效率的影响，同时还考察对企业生产率的影响。首先，本书使用中国工业企业数据库中的微观企业数据。与以往研究聚焦于地区层面经济指标不同，本书还聚焦于企业生产率。使用微观数据不仅可以避免加总偏误，而且以企业层面为研究对象，还可以更为细致地考察交通基础设施对不同技术类型行业企业生产率的影响差异。其次，搜集整理了高速公路穿过的城市及其建成通车的时间。这不仅有助于辨别高速公路的空间功能分工效应，而且便于分析高速公路对劳动生产率影响的滞后效应。再次，根据已有研究思路（绽逸博，2015），构建了竞争网络和互补网络两个网络效应变量，并借鉴柯善咨

（2009）的方法构建了城市等级效应变量（LS_i 和 SL_i）。最后，本书使用美国 DMSP 多个卫星观测的夜间灯光数据作为城市劳动生产率的代理变量。夜间灯光数据通过卫星传感器扫描获得，不受人为因素的干扰，精准度高，且夜间灯光数据可以捕获 GDP 数据难以统计的其他信息（如非正规经济或地下经济），具有较强的客观性和准确性（王贤彬和黄亮雄，2018）。因而，本书还将城市夜间灯光密度数据作为劳动生产率的替代变量进行了估计结果的稳健性检验。

第二章

文献综述

一、交通基础设施对经济增长的影响

目前，已有大量国际文献系统研究了交通基础设施对经济增长的作用。Munnell（1990）根据美国劳动统计局提供的 1948～1987 年多项统计数据，检验了包括交通基础设施在内的公共基础设施投资与经济增长率之间的关系。研究发现，人均公共资本每增加 1 个百分点，劳动生产率将提高 0.31～0.39 个百分点。Banerjee 等（2012）利用中国 1986～2005 年县级面板数据，研究交通基础设施的改善对经济发展的影响。研究结果显示，邻近历史交通网络地区的人均 GDP 水平较高，收入不平等程度较高，企业数量较多，企业平均利润较高。Pradhan 和 Bagchi（2013）利用印度 1970～2010 年的交通数据，证实公路和铁路的扩张以及资本形成将促进印度经济大幅增长。Ali 等（2015）选取沿着连接两地的最合理路线行走所花费的时间作为工具变量，评估尼日利亚道路建设对经济发展的影响。评估结果表明，降低尼日利亚的运输成本将增加劳动收入和当地国内生产总值。Saidi 等（2018）基于中东和北非地区 2000～2016 年面板数据，使用广义矩估计（GMM）证实交通能源消费和交通基础设施对经济增长具有积极作用。以上研究均认为交通基础设施对经济增长具有显著的促进作用。然而，还有一些研究发现，基础设施对经济增长的促进作用不显著，甚至存在显著的负向作用（Holtz – Eakin，1994；Ghali，1998；Presbitero，2016）。

近年来，许多国内学者关注交通基础设施与区域经济发展的关系。刘生龙和胡鞍钢（2010）利用我国 28 个省份 1987～2007 年的面板数据来检验由交通基础设施可得性不同而导致的省际经济增长差异，结果表明交通基础设施对我国经济增长具有显著的促进作用。张学良（2012）采用我国 1993～2009 年省级面板数据，实证分析交通运输对经济增长的空间溢出效应。结果发现，考虑空间溢出效应后，交通基础设施的产出弹性合计约为 0.05。周浩和郑筱婷（2012）的研究表明铁路提速与经济增长密切相关，京广线和京沪线的提速将其沿途提速站点的人均 GDP 增长率提高了约 3.7 个百分点。叶昌友和王遐见（2013）研究发现，高速公路密度对经济增长的弹性约为 0.034，而铁路密度对经济增长的弹性约 0.002。廖茂林等（2018）利用我国 1994～2016 年省级面板数据，实证检验了不同阶段基础设施投资对经济增长的影响。结果显示，1994～1999 年，基础设施投资对经济增长的促进作用较弱；2000～2011 年，有显著的正向影响；2012 年以后，投资的增加已不能显著促进经济增长。

此外，还有个别文献关注城市内部交通对经济效率的影响。张浩然和衣保中（2012）基于我国 2003～2009 年 266 个城市面板数据，检验了基础设施与全要素生产率的关系。结果发现，交通基础设施有助于提高本地区全要素生产率（TFP），但对邻近城市的 TFP 的作用不显著。柯善咨和郑腾飞（2015）根据拥堵外部性和居民与厂商最优化原理构建理论模型，利用我国 266 个地级及以上城市 2003～2012 年面板数据实证检验了交通密度对劳动生产率的影响。结果显示，我国城市的车辆密度与劳动生产率之间呈倒 U 形关系；城市道路桥梁建设有效地提高了道路通行能力，城市路桥资本上升 10%，通行能力增长约 16%，且大城市投资收益远高于小城市投资收益。郝伟伟和张梅青（2016）利用我国 1999～2012 年 217 个城市面板数据，运用面板固定效应模型和差分 GMM 模型，实证检验城市交通对生产率的影响。研究表明，城市交通既直接影响城市生产率，也通过城市紧凑度对生产率产生间接影响。

二、交通基础设施对城市发展的作用机制

（一）交通条件、生产成本与劳动生产率

交通条件的改善不仅直接影响制造业生产成本，而且通过中间品投入间接影响成本结构。Nadiri 和 Mamuneas（1994）利用美国 1955~1986 年 12 个二位代码制造业行业数据，研究了基础设施对美国制造业生产成本的影响。研究表明，基础设施的发展确实能够显著降低大部分制造业行业成本，而且这种影响因行业而异。Paul 于 2004 年利用加拿大 1961~1995 年的时间序列数据，实证检验了公共基础设施对 12 个二位代码制造业生产绩效的影响，结果发现公共资本通过替代私人资本和劳动力影响每个行业的投入需求和成本结构。该结果为公共基础设施对中间品投入的影响提供了有力证据。张光南和宋冉（2013）基于跨期利润函数及其动态分析框架，通过因素误差似无关 ECSUR - FGLS 方法，采用中国各省级工业企业面板数据，实证分析了中国交通基础设施对要素投入的影响。结果发现，交通基础设施能显著降低劳动力流动成本，使厂商通过劳动密集生产技术减少中间品投入和替代资本密集技术进而降低生产成本。

交通基础设施的改善有助于降低与生产过程密切相关的库存成本。Shirley 和 Winston（2004）研究发现，交通基础设施的改善可以使企业物流更加便捷，从而使得企业可以通过降低库存水平来节约成本，最终带来社会总产出的增加。李涵和黎志刚（2009）基于我国 1998~2002 年工业企业数据，实证检验了道路投资对企业库存的影响，发现高速公路投资每增加 1%，企业库存成本降低 0.07%。刘秉镰和刘玉海（2011）采用中国 2004~2008 年制造业企业省

域面板数据，实证检验了交通基础设施通过影响制造业企业库存成本对经济增长的作用。研究表明，高速公路建设对降低企业库存成本和促进经济增长具有重要作用，而且不同类型的交通基础设施对不同地区制造业库存成本的降低作用存在明显差异。李涵和唐丽森（2015）进一步估计交通基础设施对制造业企业库存的空间溢出效应，发现外省公路设施的增加能够显著地降低本省企业的存货水平。

（二）交通条件、资源配置与劳动生产率

交通条件的改善可以扩大市场范围、深化分工，为资源的有效配置奠定物质基础（周海波等，2017）。良好的交通条件可以降低劳动力的通勤时间，有助于企业和居民更多地购买和使用本地没有的专业化程度更高的服务，从而推动企业细分市场和差异化经营，合理分工、提高专业化和扩大经营规模，进而通过规模经济效应提升劳动生产率（Krugman，1980；Helpman and Krugman，1985）。高翔等（2015）利用2008年第二次经济普查企业数据和县级高速公路数据，研究了交通基础设施对服务业企业劳动生产率的促进作用。实证结果表明，高速公路能够促进批发业企业提高分工水平，并通过专业化经营提升劳动生产率。徐塱和欧国立（2016）从新经济地理学的视角，利用升级制造业细分行业数据，检验交通基础设施对制造业区域间分工的影响，发现区域铁路、水运等基础设施的发展有助于提升具有区域比较优势的制造业的劳动生产率。此外，随着专业化分工的发展，跨地区甚至跨国家城市间的联系日益密切，城市网络理论和分析方法开始出现（Camagni and Salone，1993；Camagni et al.，1994；Capello，2000；Johansson and Quigley，2004；于涛方等，2008；冷炳荣等，2011；赵渺希等，2014）。这类成果主要通过案例描述和逻辑推断分析网络经济的性质和来源，而非基于正规理论的统计检验。

交通基础设施有助于促进劳动力流动，优化资源配置。不少研究关注了区

域交通基础设施改善通过劳动力跨区域流动对制造业分布和增长的作用。马伟等（2012）基于引力模型研究了交通基础设施对中国人口迁移的影响，并利用1987年、1995年和2005年三次全国1%抽样人口迁移数据进行实证分析。检验结果表明，火车提速对人口跨省迁移的作用弹性约为0.8。因此，区域交通基础设施的改善能显著促进劳动力要素的自由流动，有利于优化资源配置。另外，有文献从区域劳动力流动的视角分析交通基础设施对制造业区域分布和要素投入的影响。林理升和王晔倩（2006）在经济地理框架下，探讨了运输成本和劳动力流动对制造业区域分布的作用机制。结果发现运输成本的差异形成沿海地区制造业的选址优势，而高劳动力流动成本阻碍了产业集聚的进一步深化，运输成本和高劳动力流动成本成为地区分工和协同发展的障碍。

（三）交通条件、外部性与劳动生产率

近年来，越来越多研究关注交通基础设施的溢出效应。Delgado和Álvarez（2007）在随机前沿生产函数框架下，利用西班牙1970～1998年省级面板数据，实证检验了高容量道路的溢出效应。研究结果表明，高容量道路设施建设有助于促进本地私有部门经济发展，但它对其他省份存在明显的负面溢出效应。进一步研究发现，高容量道路的溢出效应因部门而异。其中，高容量道路对农业部门有着显著的正向溢出效应，而对工业和商业服务部门存在负面溢出效应。另外，有学者特别关注了交通基础设施的空间溢出对我国经济发展的影响。Demurger于2001年指出基础设施的发展很大程度上解释了我国地区间的差距。刘生龙和胡鞍钢（2010）利用中国1988～2007年省级面板数据，实证检验了三大网络性基础设施（即交通、能源和信息基础设施）对我国经济增长的溢出效应。结果发现，交通基础设施和信息基础设施对我国经济增长有着显著的溢出效应。张光南等（2014）利用中国制造业面板数据，采用似无关方法实证检验了中国基础设施溢出的成本效应，证实基础设施的空间溢出有助

于降低制造业生产成本。刘勇（2010）、张学良（2012）也对交通基础设施的空间溢出效应进行了实证检验，并得出了类似结论。

此外，还有研究关注城市内部交通的负外部性，即交通拥堵对城市生产率的不利影响。Weisbrod 等（2001）利用芝加哥和费城的数据测算了交通拥堵产生的地方经济成本，发现芝加哥与生产和服务运输有关的商业成本高达 9.8 亿美元，费城为 2.4 亿美元，如果进出 CBD 通行时间减少 25%，芝加哥和费城每年将分别节省 2.72 亿美元和 1 亿美元的通行成本。Graham（2007）使用英国九个行业的厂商及其区位数据构建了距离与成本两个变量表示道路交通拥堵，利用超越对数需求函数检验了交通拥堵对各行业厂商集聚效应的影响，发现某些行业厂商的集聚收益随交通密度的增加而明显递减，道路交通拥堵造成了高度城市化地区的集聚收益递减。国内学者使用国际上常用的各项成本估算了我国个别城市出行的拥堵成本。谢旭轩等（2011）对北京市二环、三环、四环路和典型拥堵路段交通状况进行实地监测，获取车流量和车速数据，定量评估时间延误、燃油消耗和污染物增排的社会成本，估算北京市 2008 年全年因交通拥堵导致的外部成本为 50 亿~250 亿元。吴奇兵等（2011）分析了拥堵的各子项成本，根据各主要车型拥堵的临界速度，比较畅通和拥堵情况下的时间消耗、能源消耗，建立时间、能耗和尾气三大子项成本，估算 2008 年北京拥堵成本为 186 亿元，约占 GDP 的 1.8%。柯善咨和郑腾飞（2015）根据交通拥堵的外部性和居民与厂商的最优化原理构建模型，利用我国地级城市数据估计交通密度对劳动生产率的影响。结果显示城市车辆密度与生产率间呈倒 U 形关系，百万人口以上和以下两组城市平均最佳车辆密度分别为 2028 辆/平方千米和 2849 辆/平方千米；2003~2011 年，交通拥堵的城市从 10 个增至 130 个，生产率损失从 260 亿元上升到 6600 亿元，损失源于大城市的拥堵；城市路桥资本存量上升 10%，通行能力增长约 16%，大城市的投资收益远高于小城市的收益。

另外，随着我国城市交通拥堵日益加剧，如何有效地进行路网建设，提高交通基础设施供给质量，自然成为人们密切关注的现实问题。路网密度对交通通行效率有着重要影响。蔡军（2005）指出宽而稀的路网会导致街区尺度（交叉口间距）变大和交叉口转向车辆增加，而转向车辆越多，交叉口信号控制系统造成的延误越大，所以道路通行能力可能因转向车辆比例的增加而下降。叶彭姚和陈小鸿（2008）认为路网密度的增加会分散交叉口转向车辆数量，减少车辆在交叉口的时间延误，提高车道通行能力和路网容量。但是，路网密度和交叉口数量过多也可能造成上下游交叉口相互干扰，并增加信号灯控制延误概率，从而导致路网通行能力不能充分利用。此外，作者通过数值模拟发现，路网通行效率随路网密度的增加呈现先上升后下降的趋势。陈小鸿和叶彭姚（2008）进一步研究了交叉口车流左转比例对路网运行效率的影响，得出适当增加路网密度有助于提高路网运行效率的结论。龙科军等（2013）研究发现，增强城市路网连通度比提升道路等级更有助于提升路网通行效率。蔡军和路晓东（2016）的实证研究表明，路网加密有助于促进公共交通的发展。因而，路网密度不仅可以提高交通通行效率缓解拥堵，而且能够通过改变交通结构减轻交通拥堵。

三、文献评述

本章较为系统地总结了交通基础设施对经济增长的作用机制。已有研究表明，交通基础设施对经济增长具有重要影响；交通基础设施通过降低要素成本、扩大市场范围和深化分工、增强要素流动性、空间溢出效应等途径作用于经济增长；同时，由于交通基础设施具有准公共品的特征，交通基础设施供给不足将造成交通拥堵，产生负的外部性。然而，上述研究存在若干不足之处。

首先，虽然已有的研究普遍认为，交通基础设施可以扩大市场规模，有利于深化分工。但是，这类研究缺乏根据交通条件来考察产品内分工情况。随着交通条件的改善和交易成本的降低，生产的各个环节分布于不同的城市，我国城市间分工正从传统的产业分工向功能分工演进。而且，关于空间功能分工效应的研究缺乏对微观企业层面的考察，而探讨生产环节分离对企业生产率影响的文献则缺乏区域层面的思量。本书与既有文献相关但又有区别。一方面，与以往文献不同，本书进一步甄别了空间功能分工对中心服务城市和外围制造业城市生产率影响的差异；另一方面，本书直接聚焦于不同行业企业生产率，更为细致地考察了空间功能分工对不同技术类型行业企业生产率的影响差异，从而便于分析空间功能分工效应的行业异质性。此外，本书还搜集整理了高速公路穿过的城市及其建成通车的时间。这不仅有助于辨别高速公路的空间功能分工效应，而且便于分析从高速公路建成到产生空间功能分工效应之间是否存在较长的时滞。

其次，当前部分学者采用航空网络分析城市间联系的强弱程度以及城市层级结构；还有部分学者基于公路客流分析城市间关系与结构；绽逸博（2015）则进一步检验了我国城市中的竞争网络效应和互补网络效应。区域交通网络是城市网络竞争和网络互补的重要载体，本书在已有研究的基础上做了以下工作：第一，进一步将城市网络效应聚焦在城市群。城市群是我国城市体系中的核心部分，城市群上下游产业不仅与远距离的其他城市存在空间关联，更与群内城市存在空间关联，因而城市群内叠加效应可能更显著。第二，改进区域交通网络的测度，进而考察交通条件的改善和城市网络效应对城市经济增长的协同影响。

再次，既有文献主要讨论区域交通基础设施通过劳动力跨区域流动对制造业区域分布和要素投入的影响，而忽略了改善城市交通条件对城市本地劳动力市场规模和匹配效率的影响。各个城市和周边交通的发展不仅提高了城内原有劳动力的流动性，而且加强了城市与周边的内外联系，扩大了城市劳动力市场。为了丰富这方面的研究，本书研究了城市交通基础设施的技能匹配效应。

最后，现有文献对城市交通拥堵的原因和后果已有比较一致的定性认识，这些研究主要测算出行者的额外成本，已有文献（柯善咨和郑腾飞，2015）还从拥堵外部性的视角分析了车辆密度对劳动生产率的影响。但是，对国内外城市路网形态和效率的比较显示，城市拥堵程度不仅取决于车辆密度，而且与路网形态有关。但鲜有文献严谨地分析和检验路网密度对劳动生产率的影响。因而，本书考察并估计了城市路网密度对劳动生产率的影响，以及路网密度和车辆密度对劳动生产率影响是否存在功能区的差异，从而为我国城市道路规划和建设提供依据。

第三章

交通条件、空间功能分工和劳动生产率

一、问题的提出

近年来，我国城市间分工正从传统的产业分工向功能分工演进，企业总部和生产服务不断向经济圈的中心城市集中，而产品制造则逐渐向中小城市转移。屡见新闻媒体报道，北京和上海等地开始将一般性的制造业和核心功能中的非核心环节向周边城市转移。据统计，1978～2015 年，长三角地区经济占全国的比重由 18.7% 增至 19.8%。[①] 尽管长三角地区经济总量占全国的比重有所增长，但同期上海第二产业占 GDP 的比重从 77.4% 降到 32.2%。同时，江苏和浙江的第二产业份额分别从 1978 年的 17.6% 和 43.3% 增至 2006 年的56.7% 和 54.1%。2007 年以后，虽然江浙两省第二产业份额有所下降，但仍保持在 45% 左右，远高于上海。[②] 不仅北京、上海等特大城市产业的空间布局正在发生深刻变化，其他地区也正在经历产业重构。2018 年《中国城市竞争力报告 No.16》显示，成熟城市群内制造业向周边扩散，非城市群内城市产业结构趋于低端服务业化。现实观察和已有研究均表明，中心城市逐步演变为研发服务中心，而周边地区主要承担加工制造功能。那么，影响我国城市间功能分工的因素如何识别？城市功能分工对中心城市和周边城市生产率的影响有何差异？

已有文献探究空间功能分工与地区经济增长之间的关系（苏红键和赵坚，2011；赵勇和魏后凯，2015）。但是，聚焦于地区层面宏观经济指标的研究，

---

① 资料来源：国家统计局。
② 资料来源：《浙江统计年鉴》（2017）、《上海统计年鉴》（2017）、《江苏统计年鉴》（2017）。

不仅无法准确识别空间功能分工空间功能分工对企业生产率的影响，而且还有可能导致加总偏误（林毅夫等，2018）。此外，还有学者总结了生产环节的分离通过分工的比较优势、企业间的"学习效应"和中间品投入等途径影响企业生产率（刘维刚等，2017），但这类研究主要专注于国内生产分割与国际生产分割，从而无法为推进区域间的分工与合作提供经验依据。由此可见，关于空间功能分工效应的研究缺乏对微观企业层面的考察，而探讨生产环节分离对企业生产率影响的文献则缺乏区域层面的思量。因而，探究城市间的空间功能分工对企业生产率的影响显得尤为重要。

空间功能分工对企业生产率的影响是功能分工专业化收益与分离成本相权衡的结果。各个环节的分工及在空间上的分离必然导致一定的交易成本。交通基础设施建设不仅降低了货物运输成本，同时也缩短了劳动力在不同地区间的通行时间和交流成本。虽然已有大量文献定性分析交通基础设施对空间功能分工的重要作用。但是，经验研究中往往将交通基础设施作为控制变量，迄今尚未出现关于交通基础设施的空间功能分工效应的系统研究。

与现有文献不同，本书不仅关注空间功能分工、交通基础设施对地区层面的宏观经济指标，而且还重点研究其对企业生产率的作用。本书的贡献如下：第一，本书基于严格经济学理论，利用工业企业数据库中的微观数据，首次研究了空间功能分工对企业生产率的影响，进而探讨了空间功能分工对企业生产率影响的行业异质性，从而丰富了我们对空间功能分工效应的理解。第二，本书从空间功能分工的视角分析了交通基础设施对企业生产率的影响。本书从高速公路通过条数和建成高速持续时间两个维度，探究了交通基础设施的空间功能分工效应。这不仅有助于判断高速公路的空间功能分工效应，而且有助于识别高速公路的空间功能分工效应是否随着时间的推移而变化。

二、文献回顾

目前，已有国际研究表明中心城市与其他城市之间出现了从产品分工向功能分工的演变。Fujita（1997）指出，随着 20 世纪 90 年代日本交通和通信技术的发展，研发和管理等实验性质的环节明显向日本中心区集聚，而标准化的加工制造倾向于分散到日本其他城市和海外。Duranton 和 Puga（2005）利用美国城镇商业（County Business Patterns）数据与十年一次的人口和住房普查数据分别计算了不同规模城市的部门专业化水平和功能专业化水平。结果发现，人口规模小于 50 万的城市功能专业化水平在下降，但是大城市尤其是人口规模超过 150 万的大城市功能专业化水平在不断提高。近年来，国内学者开始运用城市功能分工概念来分析区域分工与专业化水平，并采用国际常用方法测度我国城市功能专业化水平。陈建军（2008）研究表明，自 20 世纪 80 年代以来，传统制造业逐渐从上海转移到周边的浙江和江苏地区。魏后凯（2007）对人都市区的功能分工做了定性的分析，认为城市功能分工是消除和缓解大都市区产业发展恶性冲突的有效途径。张若雪（2009）发现，2003 年以来长三角的产品分工专业化程度开始下降，而功能专业化水平有上升迹象。苏红键和赵坚（2011）在测度我国城市群内部分工的基础上，得出城市群中心城市与周边城市形成了功能分工模式。赵勇和白永秀（2012）以中国十大代表性城市群为对象，测度并比较了我国城市群功能分工水平。结果发现，2003～2010 年中国城市群功能分工水平总体较低，在 2008 年以后呈现一定上升趋势，且东部城市群功能分工水平高于中西部城市群。

　　交通基础设施的改善通过降低企业异地管理成本促进地区之间功能专业化分工。Duranton 和 Puga（2005）从理论上分析了从产品分工到功能分工的演进机制，指出交通和通信技术的进步降低了企业总部和制造部门分离成本，从而引起企业组织结构和城市结构变迁。Grossman 等（2006）指出，随着交通和通信技术的快速发展，生产工序可以在不同的地点完成，促进了各地区之间的功能分工。Henderson 和 Ono（2008）使用美国 1992～1997 年 429 家制造业企业数据，考察企业总部选址行为。研究发现，企业总部与生产部门分离，企业总部位于中心城市，而生产部门位于远离市中心的县，将导致通信和协调成本的增加，但企业总部将受益于中心城市的多样化服务。张若雪（2009）从理论上分析城市功能分工的机制，发现企业异地管理成本下降和行政壁垒的降低都会使城市圈中心城市和外围城市之间功能分工程度上升。梁琦等（2012）通过构建理论模型，深入分析了总部与工厂分离的机制，发现运输成本、交流成本以及税收政策共同影响工厂选址。

　　最近，国内学者使用国际测度功能分工指数的方法，实证检验了城市功能分工对我国经济的影响。自从 Duranton 和 Puga（2005）、Bade 等（2004）提出测度城市功能专业化指数以来，国内学者开始采用该方法测度我国城市功能专业化水平，并分析其对经济增长的影响。苏红键和赵坚（2011）认为功能专业化通过知识溢出作用于城市经济，并采用 2003～2008 年 284 个地级及以上城市面板数据进行实证检验，结果显示功能专业化与城市经济增长之间呈显著的倒"U"形关系，即存在促进经济增长的最优功能专业化水平。王猛等（2015）特别研究了长三角城市功能专业化对经济增长的影响，实证结果显示城市功能专业化显著促进了经济增长。赵勇和魏后凯（2015）运用 2003～2011 年中国 16 个城市群的面板数据，实证检验空间功能分工与地区差距之间的关系。结果发现，在初始城市功能分工条件下，空间功能分工带来的专业化收益大于协调成本，而随着功能分工的加深，城市间的协调成本也会不断增加，并逐渐抵消专业化收益。此外，李培（2008）通过构建城市体系内部分工理论模型，利用空间相依程度（Moran's I 指数）间接测度城市间的分工效应，对 1990～2004 年中国 216 个地级及以上城市与三大都市圈间的分工效应进行了实证研究。结果表明，长三角都市圈城市间分工对经济增长的促进作用最大，珠三角都市圈次之，京津冀都市圈最小。进而以京平（平谷）高速公路的末端平谷段迟迟未被北京市政府立项启动建设为例，指出区域保护和市场分割是导致京津冀都市圈各城市间分工效应不明显的重要原因。

现有文献对于我们进一步深入研究提供了重要参考，本书与既有文献相关但又有区别。首先，既往研究大多关注空间功能分工水平的测度及其对地区层面宏观经济指标的影响。选取地区层面经济指标作为研究对象，往往会导致加总偏误。与以往研究聚焦于地区层面经济指标不同，本书直接聚焦于企业生产率。使用微观数据不仅可以避免加总偏误，而且以企业层面为研究对象，还可以更为细致地考察空间功能分工对不同技术类型行业企业生产率的影响差异，从而便于分析空间功能分工效应的行业异质性。其次，既有文献往往在理论上强调交通基础设施对空间功能分工水平的影响，但在实证研究中往往对其重视不足。而且，采用省级路网密度测度区域交通条件有一定的弊端，这就意味着省内各城市间的交通基础设施水平是同质的。本书另辟蹊径，搜集整理了高速公路穿过的城市及其建成通车的时间。这不仅有助于辨别高速公路的空间功能分工效应，而且便于分析空间功能分工对先建设高速公路和后建设高速公路的城市企业生产率影响的差异。

三、理论框架和计量模型设定

（一）理论框架

本部分根据 Fujita 等（1999）、梁琦等（2012）的区域间贸易、企业总部和工厂选址等相关的理论，演绎运输成本、城市功能分工与劳动生产率之间的关系，进而提出理论假设。

1. 消费者行为

我们先沿用 NEG 框架构建一个简单的理论模型。设消费者的消费效用为 $U = M^{\mu} A^{1-\mu}$，M 和 A 分别是制成品和农产品集合，μ 表示制成品支出份额。设城市 r 消费的产品集合 M_r 是不变替代弹性函数，$M = \left\{ \int_0^m q(i)^{(\sigma-1)/\sigma} di \right\}^{\sigma/(\sigma-1)}$，$\sigma$ 是替代弹性，$q(i)$ 表示对第 i 种产品的需求量。令 $p(i)$ 表示第 i 种产品的价格，用 E 表示城市的消费支出。在此约束下，使产品集合 M 最大化的消费量 q 可以表示为：

$$q = p^{-\sigma} P^{\sigma-1} E = \mu Y p^{-\sigma} P^{\sigma-1} \tag{3-1}$$

其中，Y 表示总收入，大写符号 P 是城市价格指数，P 可以表示为：

$$P = \left\{ \int_0^m p(i)^{1-\sigma} di \right\}^{1/(1-\sigma)} \tag{3-2}$$

接下来，我们根据区间贸易假设城市 r 的消费者不仅消费本地产品 q_{rr}，而且消费城市 s 的产品 q_{sr}，m 表示多样化产品种类；均衡时每个厂商生产一种产品，m_r 和 m_s 分别是城市 r 和 s 的产品种类数。设消费的城市 r 产品集合 M_r 是不变替代弹性函数，$M_r = \left\{ \int_0^{m_r} q_{rr}(i)^{(\sigma-1)/\sigma} di + \int_0^{m_s} q_{sr}(i)^{(\sigma-1)/\sigma} di \right\}^{\sigma/(\sigma-1)}$，$\sigma = 1/(1-\rho)$ 是替代弹性。令 p_r 是城市 r 产品的本地价格，p_{sr} 是在城市 r 购买城市 s 产品的价格。城市间交易成本用冰川运输模型所定义的 τ 表示，则 $p_{sr} = \tau p_s$。用 E_r 和 E_s 分别表示城市 r 和城市 s 的消费支出。在此约束下，使产品集合 M_r 最大化的消费量 q_{rr} 和 q_{sr} 分别为：

$$q_{rr} = p_r^{-\sigma} P_r^{\sigma-1} E_r, \quad q_{sr} = p_{sr}^{-\sigma} P_r^{\sigma-1} E_r \tag{3-3}$$

同理，可以得到使产品集合 M_s 最大化的消费量 q_{ss} 和 q_{rs} 分别为：

$$q_{ss} = p_s^{-\sigma} P_s^{\sigma-1} E_s, \quad q_{rs} = p_{rs}^{-\sigma} P_s^{\sigma-1} E_s \tag{3-4}$$

其中，q_{rs} 表示城市 s 对城市 r 产品的需求，p_{rs} 是在城市 s 购买城市 r 产品的价格，$p_{rs} = \tau p_r$。大写符号 P_r、P_s 是城市 r 和城市 s 的价格指数。由此可以得到城市 r 企业 i 的总需求函数 $q_r = q_{rr} + q_{rs}$，即：

$$q_r(i) = p_r(i)^{-\sigma} P_r^{\sigma-1} E_r + [p_r(i)\tau]^{-\sigma} P_s^{\sigma-1} E_s \tau = p_r(i)^{-\sigma} [P_r^{\sigma-1} E_r + P_s^{\sigma-1} E_s \tau^{1-\sigma}] \tag{3-5}$$

其中，$q_r(i)$ 是所有消费者对工厂设在 r 地区的第 i 种产品的总需求，右式第一项表示本地需求，右式第二项表示外地需求。

2. 生产者行为

下面分析成本与产出。暂且假定生产中只有一种要素投入即劳动。其中，企业总部主要从事研发和管理等环节，其使用的劳动力为高级技术工人，且每个总部使用高级技术工人固定为 F。工厂主要从事加工和制造环节，工厂对普通技术工人的劳动力需求为 $cq(i)$，c 为边际投入。厂商支付给企业总部和工厂工人的工资率分别为 w^H 和 w^L，产品的出厂价为 $p(i)$。地区 r 的厂商可以选择总部和工厂都在本地，也可以选择总部留在本地，而工厂迁往地区 s。由此可以得到厂商在不同选择下的利润函数，即：

$$\pi_{rr} = p_r(i) q_r(i) - w_r^H F - w_r^L c q_r(i) \tag{3-6}$$

$$\pi_{rs} = p_s(i)q_s(i) - w_r^H F - w_s^L c q_s(i) \qquad (3-7)$$

将式（3-5）代入式（3-6）和式（3-7），可以得到利润最大化的产品价格：

$$p_r(i) = \frac{c w_r^L}{\rho}, \ p_s(i) = \frac{c w_s^L}{\rho} \qquad (3-8)$$

3. 模型拓展

借鉴梁琦等（2012）的思路，每个企业都有一个总部和一个工厂。用 m_r 表示位于地区 r 的企业总部数量，m_{rr} 表示总部和工厂同时位于 r 地区，m_{rs} 表示总部位于 r 地区，工厂位于 s 地区。同样，m_s 是位于地区 s 的企业总部数量，m_{ss} 表示总部和工厂同时位于 s 地区，m_{sr} 表示总部位于 s 地区，工厂位于 r 地区。从而有：

$$m_r = m_{rr} + m_{rs}, \ m_s = m_{ss} + m_{sr}, \ m = m_r + m_s \qquad (3-9)$$

令 $\theta = \dfrac{m_r}{m}$，$\alpha = \dfrac{m_{rr}}{m_r}$，$\beta = \dfrac{m_{ss}}{m_s}$，则有：

$$m_r = \theta m, \ m_s = (1-\theta)m; \ m_{rr} = \alpha\theta m, \ m_{rs} = (1-\alpha)\theta m;$$

$$m_{ss} = \beta(1-\theta)m, \ m_{sr} = (1-\theta)(1-\beta)m \qquad (3-10)$$

根据式（3-2），可得地区制造业产品价格指数：

$$P_r = \left[\int_0^{m_{rr}} p_r(i)^{-(\sigma-1)} di + \int_0^{m_{sr}} p_r(i)^{-(\sigma-1)} di + \int_0^{m_{ss}} (\tau p_s(i))^{-(\sigma-1)} di + \right.$$

$$\left. \int_0^{m_{rs}} (\tau p_s(i))^{-(\sigma-1)} di \right]^{-1/(\sigma-1)}$$

根据式（3-8）可以得到：

$$P_r = \left\{ m_{rr}\left(\frac{w_r^L c}{\rho}\right)^{-(\sigma-1)} + m_{sr}\left(\frac{w_r^L c}{\rho}\right)^{-(\sigma-1)} + \tau^{-(\sigma-1)}\left[m_{rs}\left(\frac{w_s^L c}{\rho}\right)^{-(\sigma-1)} + \right.\right.$$

$$\left.\left. m_{ss}\left(\frac{w_s^L c}{\rho}\right)^{-(\sigma-1)} \right] \right\}^{-1/(\sigma-1)} \qquad (3-11)$$

同理，可得：

$$P_s = \left\{ m_{ss}\left(\frac{w_s^L c}{\rho}\right)^{-(\sigma-1)} + m_{rs}\left(\frac{w_s^L c}{\rho}\right)^{-(\sigma-1)} + \tau^{-(\sigma-1)}\left[m_{sr}\left(\frac{w_r^L c}{\rho}\right)^{-(\sigma-1)} + \right.\right.$$

$$\left.\left. m_{rr}\left(\frac{w_r^L c}{\rho}\right)^{-(\sigma-1)} \right] \right\}^{-1/(\sigma-1)} \tag{3-12}$$

假设城市 r 与城市 s 普通技术工人的收入是对称的，即 $w_r^L L_r = w_s^L L_s$。但是，两城市普通技术工人数量是不对称的，其中城市 s 的劳动力数量是城市 r 的 γ 倍（$L_s = \gamma L_r$）。为简化分析，我们令 $w_s^L = 1$，则 $w_r^L = \gamma$。令 $\phi_m = \tau_m^{1-\sigma}$，并将式（3-10）代入式（3-12），进而可以得到地区价格指数：

$$P_r = \frac{m^{1/(1-\sigma)} c}{\rho}\left[\theta\alpha\gamma^{-(\sigma-1)} + \gamma^{-(\sigma-1)}(1-\theta)(1-\beta) + \theta(1-\alpha)\phi_m + \right.$$

$$\left. (1-\theta)\beta\phi_m \right]^{\frac{-1}{\sigma-1}} \tag{3-13}$$

$$P_s = \frac{m^{1/(1-\sigma)} c}{\rho}\left[(1-\theta)\beta + \theta(1-\alpha) + \gamma^{-(\sigma-1)}(1-\theta)(1-\beta)\phi_m + \right.$$

$$\left. \theta\alpha\gamma^{-(\sigma-1)}\phi_m \right]^{\frac{-1}{\sigma-1}} \tag{3-14}$$

接下来我们重点考察空间功能分工和交通条件对企业生产率的影响。将 $q_r(i)$ 代入劳动生产率的表达式（3-15），可以得到城市 r 企业 i 的劳动生产率：

$$prod_r(i) = \frac{p_r(i)q_r(i)}{L_r} = \frac{p_r(i)^{1-\sigma}(P_r^{\sigma-1}E_r + P_s^{\sigma-1}E_s\phi_m)}{L_r} \tag{3-15}$$

其中，$L_r = L_{rr} + L_{rs}$。进一步整理可得：

$$prod_r(i) = p_r(i)^{1-\sigma}P_r^{\sigma-1}\left(\frac{E_r}{L_r}\right)\left[1 + \left(\frac{P_s^{\sigma-1}E_s}{P_r^{\sigma-1}E_r}\right)\phi_m \right] \tag{3-16}$$

用 $\varepsilon = \left(\frac{P_s^{\sigma-1}E_s}{P_r^{\sigma-1}E_r}\right)$ 表示城市 s 相对应城市 r 的市场份额，则有：

$$prod_r(i) = p_r(i)^{1-\sigma}P_r^{\sigma-1}\left(\frac{E_r}{L_r}\right)(1 + \varepsilon\phi_m) \tag{3-17}$$

假设住户的收入都来自于厂商所支付的工资，厂商在商品市场是不完全竞争者，而在要素市场上是完全竞争者。厂商的要素使用原则为边际收益产品等于要素价格。因而，典型居民的收入是劳动生产率的增函数。假设收入 y_i 是生产率 $prod_i$ 的 λ 次方，其中 $0 < \lambda < 1$，则：

$$y_i = (prod_i)^\lambda \qquad\qquad (3-18)$$

由式（3-17）和式（3-18）可以得到关于生产率的表达式，即：

$$prod_r(i) = \mu p_r(i)^{1-\sigma} P_r^{\sigma-1} y_r^\lambda(i)(1+\varepsilon\phi_m) \qquad (3-19)$$

进一步整理，可得：

$$prod_r^{1-\lambda}(i) = \mu p_r(i)^{1-\sigma} P_r^{\sigma-1}(1+\varepsilon\phi_m) \qquad (3-20)$$

假设企业总部全部聚集于城市 r（即 $\theta = 1$），则城市 r 的企业可以选择将总部和工厂同时设于 r 地区，也可以选择将工厂建在 s 地区。此时，$P_r = \dfrac{m^{1/(1-\sigma)}c}{\rho}\big[\alpha\gamma^{-(\sigma-1)}+(1-\alpha)\phi_m\big]^{\frac{-1}{\sigma-1}}$，将其代入式（3-20），可得：

$$prod_r(i) = \mu^{\frac{1}{1-\lambda}}\gamma^{\frac{1-\sigma}{1-\lambda}}m^{\frac{1}{(1-\lambda)(1-\sigma)}}\left(\frac{c}{\rho}\right)^{\frac{2-\sigma}{1-\lambda}}(1+\varepsilon\phi_m)^{\frac{1}{1-\lambda}}\big[\alpha\gamma^{1-\sigma}+(1-\alpha)\phi_m\big]^{\frac{-1}{1-\lambda}}$$

$$(3-21)$$

接下来，考察空间功能分工对企业效率的影响。如果企业总部和工厂处于不同地区的比重较高，即 $(1-\alpha)$ 的数值较大，那么空间功能分工水平较高。具体而言，α 值的大小取决于 m_{rr} 和 m_{rs}。一方面，在 m_{rr} 不变的条件下，m_{rs} 增加时，α 值将减小。这意味着，随着其他地区（地区 s）企业总部的涌入，地区 r 研发、管理等活动将会越来越集中，进而逐渐演变为服务型城市（中心城市）。另一方面，在 m_{rs} 不变的条件下，α 值将随着 m_{rr} 的降低而减小，即随着研发、管理等活动的疏散，地区 r 将逐渐演变为制造型城市（周边城市）。空间功能分工对企业生产率的边际影响为：

$$\frac{\partial prod}{\partial \alpha} = \psi \ (1 + \varepsilon \ \tau_m^{1-\sigma})^{\frac{1}{1-\lambda}} \left(-\frac{1}{1-\lambda} \right) \left[\alpha \gamma^{1-\sigma} + (1-\alpha) \phi_m \right]^{\frac{1}{1-\lambda}-1} (\gamma^{1-\sigma} - \phi_m)$$

$$(3-22)$$

其中，$\psi = \mu^{\frac{1}{1-\lambda}} \gamma^{\frac{1-\sigma}{1-\lambda}} m^{\frac{1}{(1-\lambda)(1-\sigma)}} \left(\frac{c}{\rho} \right)^{\frac{2-\sigma}{1-\lambda}}$。若 $\gamma^{1-\sigma} - \phi_m > 0$，则 $\frac{\partial prod}{\partial \alpha} < 0$，即

$-\frac{\partial prod}{\partial \alpha} > 0$。此时，空间功能分工有利于促进企业生产率水平的提高。若

$\gamma^{1-\sigma} - \phi_m < 0$，则 $\frac{\partial prod}{\partial \alpha} > 0$，即 $-\frac{\partial prod}{\partial \alpha} < 0$。此时，空间功能分工将抑制企业生

产率水平的提高。在本书中，由于不同地区劳动力丰裕程度不同，城市 s 普通

技术工人的数量是城市 r 的 γ 倍（$\gamma > 1$），所以空间功能分工对企业生产率的

影响是低劳动力成本优势与运输成本之间权衡的结果。由式（3 - 22）可得命

题 1。

命题 1：空间功能分工对企业生产率的影响是低劳动力成本与运输成本相

权衡的结果。当低劳动力成本优势大于运输成本时，空间功能分工有利于促进

企业生产率的提高；否则，将抑制企业劳动生产率的增长。

$$\frac{\partial prod}{\partial \phi_m} = \psi \varepsilon \ (1-\lambda)^{-1} (1+\varepsilon \phi_m)^{\frac{\lambda}{1-\lambda}} \left[\alpha \gamma^{1-\sigma} + (1-\alpha) \phi_m \right]^{\frac{-1}{1-\lambda}} + \psi \alpha \ (1-\lambda)^{-1} \cdot$$

$$(1+\varepsilon \phi_m)^{\frac{1}{1-\lambda}} \left[\alpha \gamma^{1-\sigma} + (1-\alpha) \phi_m \right]^{\frac{\lambda-2}{1-\lambda}} \qquad (3-23)$$

故而，ϕ_m 的提高（即运输成本降低）有助于提升企业生产率，由此可得

命题 2。

命题 2：随着交通基础设施条件改善和运输成本下降，企业劳动生产率将

获得持续提高。

$$\frac{\partial^2 prod}{\partial \alpha \partial \phi_m} = -\psi \ (1-\lambda)^{-2} (1+\varepsilon \phi_m)^{\frac{1}{1-\lambda}-1} \left[\alpha \gamma^{1-\sigma} + (1-\alpha) \phi_m \right]^{\frac{-1}{1-\lambda}-2} \{ \varepsilon (\gamma^{1-\sigma} -$$

$$\phi_m) \left[\alpha \gamma^{1-\sigma} + (1-\alpha) \phi_m \right] + \alpha (2-\lambda)(\gamma^{1-\sigma} - \phi_m)(1+\varepsilon \phi_m) - (1-\lambda)(1+\varepsilon \phi_m)$$

$$\left[\alpha \gamma^{1-\sigma} + (1-\alpha) \phi_m \right] \} \qquad (3-24)$$

当 $\gamma^{1-\sigma} - \phi_m > 0$，且 $\gamma^{1-\sigma} - \phi_m > \dfrac{(1-\lambda)(1+\varepsilon\phi_m)\left[\alpha\gamma^{1-\sigma} + (1-\alpha)\phi_c\phi_m\right]}{\varepsilon\left[\alpha\gamma^{1-\sigma} + (1-\alpha)\phi_c\phi_m\right] + \alpha(2-\alpha)(1+\varepsilon\phi_m)}$

时， $-\dfrac{\partial^2 prod}{\partial\alpha\partial\phi_m} > 0$，否则 $-\dfrac{\partial^2 prod}{\partial\alpha\partial\phi_m} < 0$。当 $\gamma^{1-\sigma} - \phi_m < 0$ 时，$\dfrac{\partial prod}{\partial\alpha} > 0$。由此可见，交通条件和空间功能分工对企业生产率协同影响的大小和方向依赖于低劳动成本与分离成本之间的权衡。当低劳动成本优势抵消运输成本且超过一定门槛值时，交通基础设施将增强空间功能分工对企业效率的积极影响。否则，交通基础设施可能削弱空间功能分工对企业生产率的积极影响，甚至会加剧空间功能分工对企业生产率的抑制作用。为此，我们可以得到命题3。

命题3：交通条件和空间功能分工协同作用于企业生产率，交通条件改善可以强化空间功能分工效应。

（二）计量模型设定

根据以上分析，可知空间功能分工对企业生产率的影响依赖于运输成本（交通基础设施水平）。因而，我们在计量模型中引入空间功能分工与交通基础设施的交叉项（lnfsp × lnhw）。根据已有研究（周黎安等，2007；孙晓华、王昀，2014；钟昌标等，2015），企业生产率还与企业内部特点和外部环境的诸多因素相关，因此，计量模型引入企业规模（ $size$ ）和年龄（ age ）、城市规模（ pop ）、外商投资规模（ fdi ）、土地要素价格（ $aveprice$ ）、人均科研支出（ kn ）与企业虚拟变量作为控制变量。我们根据上述理论框架设置相应的计量模型：

$$\ln Y_{ijt} = \beta_0 + \beta_1 \ln fsp_{it} + \beta_2 \ln hw_{it} + \beta_3 \ln fsp_{it} \times \ln hw_{it} + \beta_4 \ln X_{it,jt} + \sum_{j=1}^{n} \lambda_j id_j +$$

$$\sum_{t=1}^{T} \lambda_t year_t + \varepsilon_{ijt} \qquad\qquad (3-25)$$

式（3-25）中各变量的下标 i 和 j 识别城市和企业，下标 t 是年份；被解

释变量 Y 表示企业生产率,解释变量 fsp_i 表示城市 i 空间功能分工水平,hw_i 是用高速公路经过城市的条数表示的城市 i 交通条件。之后各项是控制变量 X,包括企业和城市的六个连续变量以及企业和年份的虚拟变量 id_j 和 $year_t$。

四、变量和数据说明

本书数据主要来自中国工业企业数据库两位数行业代码 13~43 的制造业行业中的所有企业。城市变量数据选自《中国城市统计年鉴》和《中国国土资源统计年鉴》。工业企业数据库中有相当多的指标存在异常值,应在计量回归前予以剔除。首先,剔除职工人数、总资产或固定资产净值和销售额缺失的观测值。其次,根据谢千里等(2008)的方法,剔除职工人数少于 8 人的观测值。本书还剔除了企业年龄大于 100 的个别可疑记录。工业企业数据库中各年收集的统计指标个数差别较大,为充分利用相关数据样本信息,本书选取可以构建所需变量的 2003~2007 年和 2012~2013 年的数据。

被解释变量是劳动生产率。其中,城市劳动生产率以非农业 GDP 与非农业就业的比值表示,非农业就业就是单位就业与私营个体就业之和。企业生产率用企业增加值与企业职工数的比值表示。由于从 2004 年起,该数据库不再收集工业增加值和工业总产值数据,本书参照聂辉华等(2012),根据会计准则估算工业增加值,即:工业增加值 = 产品销售额 − 期初存货 + 期末存货 − 工业中间投入 + 增值税。此外,2012~2013 年数据还缺少工业中间投入数据,因此我们借鉴 Brandt 等(2017)的计算方法:工业增加值 = 工业总产值 −[工业总产值 ×(销售费用/销售收入)− 工资 − 资本折旧]+ 增值税,最后整理出 2003~2007 年和 2012~2013 年的面板数据。

解释变量及其测度说明如下：①区域交通条件（hw）用经过各市境内的高速公路数测度，数据从各省市 2003～2013 年地图册上读出。其中，一些城市未通高速公路，境内的高速公路数（hw）为 0，在取对数时，为了防止 0 值造成缺失记录，我们借鉴文献中惯用的方法，先平移所有数据（$hw+1$），再取对数。②高速公路持续通车时间（T）。如果 $t > s_i$，则 $T = t - s_i + 1$，否则 $T = 0$。其中，s_i 表示城市 i 建成高速公路的具体年份。如果当年建成通车，则 $T = 1$，该变量可以视为高速公路的"年龄"。根据《中国高速公路建设时间表》（工程期限：1991～2020 年），可以得到"五纵七横"国道主干线建成的年份，然后结合地图册，可以读出每条高速公路穿过的城市。需要特别注意，个别城市的高速公路在 1991 年之前已经建成通车，如沪嘉高速公路（上海，1988）和沈大高速（沈阳、辽阳、鞍山、营口、大连，1990）。③空间功能分工（fsp）。借鉴 Duranton 和 Puga（2005）、Bade 等（2004）、苏红键和赵坚（2011）与赵勇和白永秀（2012）的思路，城市功能分工水平的具体计算公式为：

$$FS_i(t) = \frac{\sum\limits_{k=1}^{N} L_{ikm}(t) / \sum\limits_{k=1}^{N} L_{ikp}(t)}{\sum\limits_{k=1}^{N} \sum\limits_{i=1}^{m} L_{ikm}(t) / \sum\limits_{k=1}^{N} \sum\limits_{i=1}^{m} L_{ikp}(t)}$$

其中，$\sum\limits_{k=1}^{N} L_{ikm}(t)$ 表示城市 i 在 t 时期所有产业的管理人员从业数；$\sum\limits_{k=1}^{N} L_{ikp}(t)$ 表示城市 i 在 t 时期所有产业的生产人员从业数；$\sum\limits_{k=1}^{N} \sum\limits_{i=1}^{m} L_{ikm}(t)$ 表示全国所有城市在 t 时期所有产业的管理人员从业总数；$\sum\limits_{k=1}^{N} \sum\limits_{i=1}^{m} L_{ikp}(t)$ 表示全国所有城市在 t 时期所有产业的生产人员从业总数。如果 FS_i 大于 1 且 FS_i 越高，则表示城市越倾向于集聚管理部门；如果 FS_i 小于 1 且越接近于 0，则表示城市越倾向于集聚生产部门；如果 FS_i 接近于 1，则表示城市功能分工不明显。我

们采用 Bade 等（2004）、苏红键和赵坚（2011）与赵勇和白永秀（2012）的做法，使用"租赁与商务服务业"的就业人员表示管理部门人员，以"采矿业"、"制造业"和"电力、燃气及水的生产和供应业"的就业人员之和表示生产部门人员。令 $fsp = |FS_i - 1|$ 表示空间功能分工程度，则 fsp 数值越大，表示分工水平越高。④企业规模 $size$ 用企业职工数测度。⑤企业年龄 age 是从注册到本书研究样本年份之间的年数。⑥城市规模 pop 用市辖区人口表示。⑦外商投资规模用 FDI 存量表示。FDI 存量（FDI）用永续盘存法计算：$FDI_{i,t} = (1-\delta)FDI_{i,t-1} + fdi_t/\nu_{i,t}$，其中 δ 是年折旧率，设 δ 为 5%，fdi_t 是外商直接投资实际数，$\nu_{i,t}$ 是城市所在省份以 2000 年为基期的累积资本价格指数。以美元计算的外商投资实际流入量按照当年平均汇率换算成人民币数值。⑧土地价格（$aveprice$）为城市土地所有交易方式成交价款与所有方式成交面积的比值。⑨科研环境（kn）以人均科学事业费支出表示。这些变量的描述性统计量如表3-1所示。

表 3-1 2003~2013 年中国制造业企业和城市的描述性统计量

变量	均值	标准差	极小值	极大值
$Prod1$（城市劳动生产率，元/人）	115968	59670	23320	847156
$Prod2$（企业劳动生产率，元/人）	147031	153903	2021	697991
hw（经过各市境内的高速公路数，条）	1.77	1.7409	0	12
t（高速通车时间，年）	9.16	5.6531	0	26
fsp（空间功能专业化指数）	0.9087	1.0740	0.0126	21.5630
$size$（企业规模，人）	294.95	1215.49	8	223214
age（企业年龄，年）	8.86	8.89	1	99
pop（城市规模，万人）	270.53	318.89	14.08	1787.01
FDI（外商投资规模，亿元）	478.96	827.64	0.0635	5733.81
$aveprice$（土地价格，万元/公顷）	670.17	2866.79	0.6559	153628.6
kn（科研环境，人/元）	174.32	332.06	0.02	6037.30

五、实证检验与结果分析

我们首先估计交通条件、城市功能分工对城市生产率的影响，并分别检验两者对制造型城市和服务型城市生产率的不同影响。然后，估计交通条件、城市功能分工对企业生产率的作用。接着，进一步检验交通条件和城市功能分工对企业生产率的影响是否存在行业差异。最后，进行稳健性检验。

（一）交通条件、空间功能分工与城市生产率

为了考察交通条件和空间功能分工对城市生产率的协同作用，我们在模型1中引入城市功能分工与高速公路（lnhw）的交互项。回归结果显示，城市功能分工（lnfsp）显著为负，而它与高速公路（lnhw）的交互项显著为正（见表3-2）。将lnfsp的系数与交互项lnfsp × lnhw的系数叠加（−0.0394lnfsp + 0.0351lnfsp × lnhw），共同表示空间功能分工对城市劳动生产率的非线性影响，则空间功能分工极值的一阶条件（即$d\ln Y/d\ln fsp = 0$的解）是$\ln hw = 1.12$，等价于3条高速。由于该极值点两边的$d\ln Y/d\ln fsp$值分别是负号和正号，可见，高速公路不仅改变了空间功能分工的大小，还改变了空间功能分工的符号。城市功能分工仅促进了拥有高速公路达到一定水平的城市的生产率的提高，但对交通条件欠发达城市的生产率形成明显制约作用。该结果表明，空间功能分工未必对所有地区企业有利，只有区域交通较为完善的城市才能分享空间功能分工演进带来的收益（刘维刚等，2017）。但是，对于区域交通欠发达的城市而言，从空间功能分工演进中获益甚小，甚至无法弥补总部与生产部门之间的异地分离成本，从而使得这些交通条件落后地区生产率下降。

表3-2　城市功能分工、高速路网与城市劳动生产率

变量	全国总样本 模型1	制造型城市 模型2	服务型城市 模型3
lnfsp	-0.0394***	-0.0677***	-0.0329
	(0.0138)	(0.0200)	(0.0261)
lnhw	0.4095***	0.4492***	0.4515***
	(0.0374)	(0.0435)	(0.0952)
lnfsp × lnhw	0.0351***	0.0452**	0.0328
	(0.0132)	(0.0211)	(0.0236)
lnpop	0.4129***	0.3334***	1.1367***
	(0.0495)	(0.0507)	(0.2105)
lnFDI	0.4023***	0.3965***	0.3967***
	(0.0096)	(0.0105)	(0.0270)
ln$aveprice$	-0.0973***	-0.0926***	-0.0882***
	(0.0135)	(0.0154)	(0.0316)
lnkn	0.0801***	0.0827***	0.0569***
	(0.0035)	(0.0039)	(0.0086)
Constant	5.6170***	6.0440***	2.0359**
	(0.2262)	(0.2332)	(0.9339)
城市固定效应	yes	yes	yes
年份固定效应	yes	yes	yes
Observations	3056	2330	726
R - squared	0.7274	0.7416	0.6393

注：括号外的数据为参数估计，括号内的数据为稳健标准误；***、**和*分别表示弃真概率 $p < 0.01$、$p < 0.05$ 和 $p < 0.1$。

为了直观地考察空间功能分工对制造业集聚城市和生产服务业集聚城市生产率影响的差异，我们根据空间功能分工（lnfsp）数值的大小划分制造业集聚城市和生产性服务业集聚城市。具体而言，如果 fsp 大于1，那么该城市属于生产服务部门集聚的城市（服务型城市）；如果 fsp 小于1，则将该城市属于加工制造部门集聚的城市（制造型城市）。模型2是空间功能分工和交通条件对

制造业集聚城市生产率的影响。回归结果显示，空间功能分工（$\ln fsp$）显著为负，而它与高速公路（$\ln hw$）的交互项显著为正（见表3-2）。将 $\ln fsp$ 的系数与交互项 $\ln fsp \times \ln hw$ 的系数叠加（$-0.0677\ln fsp + 0.0452\ln fsp \times \ln hw$），通过计算可以得到临界点为1.498。因而，只有当交通条件（$\ln hw$）大于临界值1.498时，空间功能分工才有助于提升制造业集聚城市的生产率。一旦交通条件小于临界值，空间功能分工将会对制造业集聚城市生产率产生不利影响。由此可见，空间功能分工对制造业集聚城市生产率的作用方向和程度依赖于交通基础设施水平。模型3是空间功能分工和高速公路对生产性服务业集聚城市生产率的影响。与模型1和模型2相同，高速公路（$\ln hw$）及其与空间功能分工的交互项（$\ln fsp \times \ln hw$）均为正。然而，空间功能分工（$\ln fsp$）的参数估计未通过显著性检验。该结果表明，空间功能分工对生产性服务业城市生产率没有显著的影响。此外，高速公路（$\ln hw$）在各模型中显著为正，表明空间功能分工程度越高，交通基础设施对制造业集聚城市生产率的提升作用越强。

控制变量中，所有模型中城市规模（$\ln pop$）的参数估计均显著为正，劳动力资源丰富的城市企业往往具有较高的劳动生产率。外商投资规模（$\ln FDI$）的参数估计也均显著为正，说明外资分布越密集，企业越能够便捷地获取所需的资本和技术，进而越有助于提升企业生产率。土地价格（$\ln aveprice$）的参数估计均为负，说明土地要素价格上升增加了企业成本。科研环境（$\ln kn$）在各模型中均显著为正，表明在科技实力雄厚的地区，企业可利用公共投资以及技术溢出提高生产率。

（二）交通条件、空间功能分工与企业生产率

表3-2报告了空间功能分工和交通条件对城市劳动生产率的影响。但是，聚焦于地区层面宏观经济指标的研究，无法准确识别对制造业企业生产率的影响。因而，我们利用工业企业数据库，进一步检验了空间功能分工和交通条件

对制造业企业生产率的作用。各模型中交通条件（lnhw）对企业生产率的影响均显著为正，符合理论预期。空间功能分工（lnfsp）在各模型中的参数估计有正有负，且在除模型3以外的模型中通过了显著性检验，表明空间功能分工对制造业企业生产率的影响存在显著的地区差异。其中，空间功能分工抑制了外围城市制造业企业生产率的提高，但对中心城市制造企业生产率产生了显著的促进作用。归纳已有研究，发现中心城市生产性服务业的集聚可通过分工专业化（吕政等，2006；金晓雨，2015）、降低交易成本（冯泰文，2009）和知识技术外溢（黄莉芳等，2011）等途径提升制造业生产率。然而，值得注意的是，空间功能分工有可能导致外围城市资本和高素质人才等稀缺资源的流失，抑制周边城市制造企业生产率的提高。表3－3报告了交通条件和空间功能分工对企业生产率的影响。

表3－3 城市功能分工、高速路网与企业生产率

变量	全国总样本		制造型城市		服务型城市	
	模型1	模型2	模型3	模型4	模型5	模型6
lnfsp	0.0018	−0.0150***	−0.0149***	−0.0285***	0.0315***	0.0170***
	(0.0011)	(0.0018)	(0.0018)	(0.0029)	(0.0020)	(0.0039)
lnhw	0.0851***	0.0966***	0.0696***	0.0811***	0.0882***	0.0929***
	(0.0043)	(0.0044)	(0.0048)	(0.0052)	(0.0117)	(0.0118)
lnfsp×lnhw	—	0.0160***	—	0.0146***	—	0.0108***
		(0.0014)		(0.0025)		(0.0025)
ln$size$	0.1779***	0.1777***	0.1761***	0.1761***	0.1637***	0.1636***
	(0.0011)	(0.0011)	(0.0014)	(0.0014)	(0.0025)	(0.0025)
lnage	0.0692***	0.0690***	0.0694***	0.0693***	0.0455***	0.0453***
	(0.0020)	(0.0020)	(0.0024)	(0.0024)	(0.0047)	(0.0047)
lnpop	0.3753***	0.3829***	0.5863***	0.5858***	−3.9624***	−3.8707***
	(0.0341)	(0.0341)	(0.0376)	(0.0376)	(0.1843)	(0.1855)

变量	全国总样本		制造型城市		服务型城市	
	模型1	模型2	模型3	模型4	模型5	模型6
lnFDI	0.6214***	0.6116***	0.8378***	0.8352***	0.4111***	0.4046***
	(0.0216)	(0.0216)	(0.0276)	(0.0276)	(0.0446)	(0.0447)
ln$aveprice$	-0.0231***	-0.0214***	0.0250***	0.0244***	-0.0998***	-0.0974***
	(0.0021)	(0.0021)	(0.0026)	(0.0026)	(0.0046)	(0.0046)
lnkn	0.1283***	0.1361***	0.1320***	0.1335***	0.2736***	0.2814***
	(0.0087)	(0.0087)	(0.0100)	(0.0100)	(0.0259)	(0.0259)
企业固定效应	yes	yes	yes	yes	yes	yes
年份固定效应	yes	yes	yes	yes	yes	yes
Observations	1293795	1293795	959437	959437	334358	334358
R-squared	0.8192	0.8192	0.8261	0.8261	0.8073	0.8073

注：括号外的数据为参数估计，括号内的数据为稳健标准误；***、**和*分别表示弃真概率 $p<0.01$、$p<0.05$ 和 $p<0.1$。

当引入空间功能分工（lnfsp）与高速公路（lnhw）的交互项后，在表3-3的模型2和模型4中，空间功能分工（lnfsp）显著为负，交互项的参数估计显著为正。该结果意味着，空间功能分工将对全体制造企业和位于外围城市的制造企业的生产率存在非线性影响。当交通基础设施小于临界点时，空间功能分工将对制造业企业生产率产生不利影响；一旦超过临界点，空间功能分工有助于促进制造业企业生产率的提高。因而，区域交通条件的改善可以显著降低地区间的交易成本，增强周边中小城市空间功能分工的专业化收益。在模型6中，空间功能分工、交通条件及其交互项均显著为正，表明交通条件改善可以进一步增强空间功能分工对中心城市制造企业生产率的提升作用。通过比较交互项（lnfsp×lnhw）在各模型中的大小和显著性，我们发现交通基础设施的发展对制造型城市空间功能分工效应的提升作用更明显。此外，交通条件（lnhw）的参数估计在各个模型中均显著为正，结合交互项的参数估计，可以认为空间功能分工水平越高，区域交通对制造业企业生产率的提升作用越明显。

控制变量中，所有模型中企业规模（ln$size$）的系数均显著为正，这表明企业规模越大，企业生产率越高。一般而言，企业规模越大，采购先进技术设备和从事技术创新活动的能力越大。而且，大企业更有利于劳动分工专业化，实现规模经济，从而提高企业生产率。各模型中企业年龄（lnage）的显著估计说明随着企业经营时间的增加和经验的积累，企业生产率可能从"干中学"中获得增长。控制变量（lnpop、lnFDI、ln$aveprice$、lnkn）与表 3 - 2 中的控制变量的参数估计非常相似，在此不再赘述。

（三）城市功能分工效应的行业异质性检验

接下来，我们考察空间功能分工效应会表现出哪些方面的异质性。各类产业具有各自的技术特点，需要相应的技术和劳动力。其中，高技术产业技术含量高、技术更新快、产品附加值高，需要专业知识型劳动者，同时必须支付较高的薪酬；低技术产业技术变化较慢，新技术含量较低，许多低技术产业是传统劳动密集型行业，职工的知识技术和薪酬较低；中等技术产业的技术则介于高、低技术产业之间。各类产业因技术特征和对要素投入的要求不同而有不同的区位偏好。中心城市具有较大的专业劳动力市场和产品市场、较完整的上下游相关产业和较迅速的技术信息传播，因而成为高技术产业的首选之地，而中小城市则因土地和一般劳动力等要素价格较低而成为低技术产业的集聚地。良好的交通条件加速了各类产业的制造环节在中小城市的落户。需要特别注意的是，中小城市的人力资本水平和技术环境等因素可能无法满足高技术行业加工制造的需要，从而导致这些行业企业生产率下降。然而，合乎日常观察和经济逻辑的判断仍需严谨的实证检验。本节根据《高技术产业统计分类目录》和 OECD 产业分类标准划分高、中、低技术三类产业（见附录）。

表 3 - 4 报告的结果显示，三类产业的空间功能分工的参数估计均为负值，高速公路和空间功能分工的交互项均显著为正。这一组结果和预期相符，即建设高速公路可以降低异地协调成本，显著地增加空间功能分工的专业化收益。然而，我们也注意到交互项系数 ($\ln fsp \times \ln hw$) 与空间功能分工 ($\ln fsp$) 的系数叠加后，通过一阶求导，可以得到高、中、低技术行业交通条件 ($\ln hw$) 的临界点分别为 1.6516、0.8469 和 0.7560。而且，通过比较交互项系数 ($\ln fsp \times \ln hw$) 在三类产业中的绝对值和显著性，我们发现区域交通条件的改善更有助于提升低技术行业的空间功能分工效应。我国交通条件 ($\ln hw$) 在样本期间的均值为 0.8782。因而，可以认为在当前区域交通条件下空间功能分工很难提升高技术产业生产率。随着企业不同生产环节和阶段的分离，企业总部和生产服务不断向中心城市集中，而产品制造则逐渐向中小城市转移。相比中低技术制造业企业，高端制造业企业对技术和劳动力的要求较高。若交通基础设施无法为这些高技术企业提供较迅速的技术信息传播，空间功能分工有可能导致高端制造业企业生产率下降。与高技术行业不同，由于低端制造业可能不需要总部和生产部门频繁的交流，反而对劳动力和土地等要素成本比较敏感，而中小城市因土地和一般劳动力等要素价格较低，因而低端制造业对区域交通门槛要求相对较低。所以，随着区域交通条件的改善，空间功能分工对低技术企业生产率具有更明显的促进作用。

表 3 - 4　空间功能分工效应的行业异质性检验

变量	高技术行业	中技术行业	低技术行业
$\ln fsp$	- 0.0294 ***	- 0.0166 ***	- 0.0155 ***
	(0.0095)	(0.0026)	(0.0028)
$\ln hw$	0.1174 ***	0.0882 ***	0.0964 ***
	(0.0195)	(0.0061)	(0.0071)

续表

变量	高技术行业	中技术行业	低技术行业
lnfsp × lnhw	0.0178 ***	0.0196 ***	0.0205 ***
	(0.0062)	(0.0019)	(0.0024)
ln$size$	0.1824 ***	0.1832 ***	0.1610 ***
	(0.0050)	(0.0016)	(0.0019)
lnage	0.0757 ***	0.0471 ***	0.1010 ***
	(0.0094)	(0.0027)	(0.0034)
lnpop	0.6259 ***	0.3497 ***	0.6251 ***
	(0.1364)	(0.0492)	(0.0566)
lnFDI	0.6041 ***	0.7297 ***	0.4901 ***
	(0.0963)	(0.0304)	(0.0354)
ln$aveprice$	− 0.0397 ***	− 0.0162 ***	− 0.0133 ***
	(0.0088)	(0.0029)	(0.0035)
lnkn	0.1903 ***	0.1441 ***	0.1527 ***
	(0.0419)	(0.0127)	(0.0141)
企业固定效应	yes	yes	yes
年份固定效应	yes	yes	yes
Observations	82100	714989	496706
R − squared	0.7879	0.8158	0.8205

注：括号外的数据为参数估计，括号内的数据为稳健标准误；***、** 和 * 分别表示弃真概率 $p < 0.01$、$p < 0.05$ 和 $p < 0.1$。

（四）稳健性检验

考虑到高速公路建设对劳动生产率的影响并非立竿见影，若仅考察高速公路通过的条数，并不能完整地反映高速公路经济效应在时间维度上的持续性影响（张天华等，2018）。同时，也为了检验估计结果的稳健性，我们在表 3 – 5 各模型中引入空间功能分工（lnfsp）与高速公路建成通车时间（ln$t$）的交互项（lnfsp × ln$t$）。表 3 – 5 报告了估计结果。

表 3 - 5　稳健性检验

变量	被解释变量：城市劳动生产率			被解释变量：企业生产率		
	全国总样本	制造型城市	服务型城市	全国总样本	制造型城市	服务型城市
	模型 1	模型 2	模型 3	模型 4	模型 5	模型 6
lnfsp	- 0. 0290 **	- 0. 0460 *	- 0. 0395 **	- 0. 0271 ***	- 0. 0431 ***	0. 0218 ***
	(0. 0133)	(0. 0270)	(0. 0175)	(0. 0033)	(0. 0049)	(0. 0064)
ln$t$	0. 4947 ***	0. 3809 ***	0. 5292 ***	0. 2072 ***	0. 1332 ***	0. 3203 ***
	(0. 0153)	(0. 0424)	(0. 0166)	(0. 0044)	(0. 0053)	(0. 0118)
lnfsp × ln$t$	0. 0132 **	0. 0241 *	0. 0095	0. 0117 ***	0. 0132 ***	0. 0006 **
	(0. 0065)	(0. 0130)	(0. 0085)	(0. 0014)	(0. 0022)	(0. 0003)
ln$size$				0. 1768 ***	0. 1751 ***	0. 1621 ***
				(0. 0011)	(0. 0013)	(0. 0025)
lnage				0. 0683 ***	0. 0676 ***	0. 0466 ***
				(0. 0020)	(0. 0023)	(0. 0046)
lnpop	0. 0844 **	0. 4053 **	0. 0474	0. 3376 ***	0. 5734 ***	- 4. 1619 ***
	(0. 0402)	(0. 2019)	(0. 0385)	(0. 0338)	(0. 0372)	(0. 1820)
lnFDI	0. 1997 ***	0. 2592 ***	0. 1785 ***	0. 6438 ***	0. 8832 ***	0. 3655 ***
	(0. 0092)	(0. 0276)	(0. 0096)	(0. 0204)	(0. 0259)	(0. 0428)
ln$aveprice$	0. 0262 **	0. 0132	0. 0279 **	- 0. 0287 ***	0. 0180 ***	- 0. 1106 ***
	(0. 0109)	(0. 0290)	(0. 0117)	(0. 0020)	(0. 0025)	(0. 0044)
lnkn	0. 0326 ***	0. 0304 ***	0. 0321 ***	0. 1348 ***	0. 1300 ***	0. 2819 ***
	(0. 0031)	(0. 0081)	(0. 0032)	(0. 0085)	(0. 0098)	(0. 0256)
Observations	3056	2330	726	1293795	959437	334358
R - squared	0. 8273	0. 7032	0. 8550	0. 8186	0. 8255	0. 8071

注：括号外的数据为参数估计，括号内的数据为稳健标准误；***、** 和 * 分别表示弃真概率 p < 0. 01、p < 0. 05 和 p < 0. 1。

回归结果显示，空间功能分工（lnfsp）的参数符号和显著性与表 3 - 2 和表 3 - 3 中的结果基本一致。空间功能分工（lnfsp）和高速通车时间（ln$t$）的参数估计一负一正，二者交互项（lnfsp × ln$t$）的系数显著为正。以模型 1 为例，通过计算我们可以得到通车时间的临界点为 $\ln t = 2.1969$（即 $t = 8.99$），在均值处（$t = 9.2$），空间功能分工对企业生产率的边际影响为 0.0924。该结果意味着高速公路的空间功能分工效应随着时间的推移而增强，高速公路建成 9 年以上城市的企业能享受空间功能分工演进带来的好处。

六、小结

产品内分工的出现，将城市间根据比较优势从事某类产品的生产转变为从事某些生产环节，使得城市间从产品分工向功能分工演进。本章通过构建相应理论模型，利用中国工业企业数据和城市面板数据，实证检验空间功能分工、交通基础设施对劳动生产率的协同效应。研究发现，区域交通条件的改善可以显著降低异地协调成本，增强空间功能分工的专业化收益，且交通基础设施的发展对制造型城市空间功能分工效应的提升作用更明显。交通条件和空间功能分工对企业生产率的影响存在明显的行业差异，区域交通条件的改善更有助于提升低技术行业的空间功能分工效应。此外，高速公路的空间功能分工效应随着时间的推移而增强，高速公路建成 9 年以上城市的企业可以获得空间功能分工演进带来的收益。

优化产业布局和促进区域分工协作是我国政府长期以来一直关注的焦点。我们研究发现，建设高速公路确实有助于发挥空间功能分工对企业生产率的促进作用。因而，本章的启示就是应该继续鼓励高速公路建设。当然，这只是从高速公路建设可以降低空间功能分工的交易成本，提高分工收益的角度而言。空间功能分工能否提升企业生产率，还依赖于企业所在地的技术和劳动力等因素。如果制造业企业迁入地的劳动技能和科研技术环境无法满足企业需求，空间功能分工有可能导致企业生产率下降。因而，在企业总部和生产部门分离过程中，不仅要考虑交易成本，还应关注迁入地的劳动力水平和技术环境等因素。所以，在推动功能分工的过程中，决策者应因地制宜，探索优化区域分工的有效途径。

第四章

交通基础设施和城市体系的等级与网络效应

在上一章中我们以区域间贸易、企业总部和工厂选址等相关的理论为基础，演绎运输成本、城市功能分工与劳动生产率之间的关系，利用中国工业企业数据和城市面板数据，实证检验交通基础设施、空间功能分工与劳动生产率间的关系，进而分析交通基础设施、空间功能分工对制造业城市和服务业城市劳动生产率的不同影响。然而，这只是简单地从价值链的角度评价区域交通和空间功能分工对劳动生产率的作用，并未涉及地理距离因素，因而忽略了交通网络中远距离城市间的相互作用。为此，本章将在城市体系演进的背景下，根据 Krugman（1991）、Venables（1996）和 Fujita 等（1999）的区域间贸易、中间投入品和产业相关的理论，从上下游产业链的视角分析城市间的合作与竞争对经济增长的影响，进而设置城市网络计量模型，进行实证检验。

一、引言

工业化是城市化的重要动力，城市体系格局又影响着厂商效率。制造业空间分布的变化意味着城市体系格局的演变。随着制造业在区域间的转移，中国经济增长的空间模式呈现了新变化。2004～2013 年这十年间，东部地区工业增加值占全国比重由 60.4% 下降到 50.2%，而同期中部和西部地区工业增加值占全国比重分别从 16.9% 和 14.1% 上升到 21.6% 和 19.3%。① 为了进一步考察中国制造业的空间分布，我们计算了 2001～2014 年第二产业增加值、工业总产值和企业数在中国 655 个城市的区位基尼系数（见图 4-1）。② 区位基尼系数测度产业空间分布集中程度。图 4-1 显示的三个时间序列都表明中国工业曾一度向大城市集聚，随后又逐渐向中小城市扩散。由此可见，中国传统的城市等级体系格局出现了扁平化趋势。

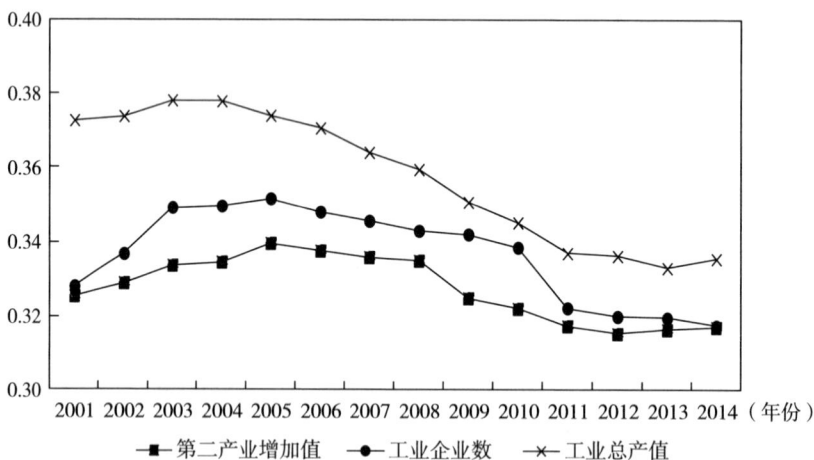

图 4-1　2001～2014 年中国 665 个城市第二产业和工业区位基尼系数

资料来源：笔者根据相关年份《中国县（市）社会经济统计年鉴》整理计算得到。

运输成本的降低和规模经济的扩大使得各生产环节得以分散到不同城市，以便于利用各城市的比较优势。产业链上不同环节的空间分布和关联构成了现代生产空间格局。以长三角汽车产业链为例，分布于上海、南京、苏

---

① 资料来源：中国产业转移网。
② 因受数据限制没有包括未设市的县级单位，但是，使用同组市的各年数据计算得到的 Gini 系数不失可比性。

州、杭州、宁波、台州等地的整车制造业成就了这些城市和该地区其他城市的零部件产业，也受益于成百上千家专业化企业构成的配套体系。各生产环节在城市间的分布将不可避免地增强城市间横向竞争与合作，从而产生城市间的竞争效应和互补效应。从上下游产业链在城市间分布的角度构建模型和分析城市竞争与互补网络效应将有助于深入认识我国制造业空间关联现状及其存在的问题。

中国久远的历史给我们留下了自上而下完整的纵向城市等级体系，上级中心城市与下级市镇历来存在着密切的经济联系，历代行政管理体系和等级服务设施更强化了各级城市间的纵向联系。城市等级体系一方面便于各级政府实施行政管理，另一方面也为各级行政机关提供了干预市场的区域环境。然而，大规模、专业化的现代生产又编织出诸多产业网络，在此基础上发展出横向联系的城市网络体系。中国城市体系在纵向控制和横向联系双重作用下的发展是中国城市化的一个特色。认识中国城市体系演化规律和现实结构是制定和实施有效的城市和区域政策的基础，也是构建新城市体系理论的依据。

城市群是现代城市体系的重要组成部分。各地城市群正发展成为中国城市化和工业化的核心地区。得益于自身较强的经济基础和政府倾斜的发展政策，城市群内中心城市吸引了大批新项目和巨量资源，欲被打造成所在地区的增长极。同时，为协调相邻城市的经济结构、提高专业化和规模经济效益，各地力图协调群内城市专业化分工与合作，构建综合交通网络、缩短时间距离，促进群内要素和产品的流动，形成地区城市网络。例如，珠三角地区正着力建设城际轨道交通，打造两小时经济生活圈，促使"9＋1"城市间的商品和要素流动，引导城市间产业分工和错位发展；武汉城市群也力图通过推进城际快速通道网络建设，发挥武汉对长江中游城市群的引领作用，推动群内大中小城市"同城化"。因而，一个城市群不仅是中心城市与小城市构成的地方等级系统，也是由横向联系的专业化城市构成的局部网络。国内外研究都曾发现，中心城市既可能对外辐射、带动地区发展，也可能吸收其他地区的优质资源、阻碍弱小地区的发展，但是对不同时期和不同产业的研究尚未得出一致的结论。研究城市群内城市间上下游产业如何互动可以揭示群内的城市等级效应和竞争—互补网络效应，客观评价城市群内分工合作是否成功、城市群是否发挥了中心城市辐射和带动周边地区的作用。

本书在区域间贸易理论、投入产出关联和城市等级与网络学说的基础上，构建城市网络效应模型和上下游产业链测度，检验我国城市群中的竞争网络效应和互补网络效应。

二、文献回顾

近年来，城市体系理论研究取得了重要进展。Bosker 和 Buringh（2010）利用欧洲城市在 800～1800 年实际和潜在的位置，实证检验了自然条件（第一地理因素）和地理邻近性（第二地理因素）对城市体系的影响。研究发现，第一和第二地理因素均对欧洲城市体系的形成产生了重要影响。第一地理因素在欧洲城市体系的早期形成阶段发挥决定性作用。然而，随着贸易成本下降、规模经济和欧洲人口规模增长，第二地理因素的作用越来越重要。Henderson 等（2009）研究发现，行政等级影响着城市体系规模结构，行政等级高的城市可获取更多的公共财政资源，导致经济活动向拥有优惠政策的城市集聚。王垚等（2015）通过构建理论模型，分析自然条件以及行政等级对城市形成和发展的作用，并利用中国 1985～2010 年地级以上城市为样本进行实证检验。结果发现，优越的自然条件、较高的行政等级能够促进城市规模的扩大。此外，"借用规模"概念经长久沉寂后再次引起了学界的关注。借用规模的作用机制是城市间的互动，城市互动不局限于地理边界，可以在城市网络中分享（Meijers，2013；Meijers and Burger，2016）。而且，借用规模的作用方向不局限于中小城市向大城市借用，大城市也可从借用规模中获益（Burger et al.，2015；Camagni et al.，2015；Meijers and Burger，2017）。李松林和刘修岩（2017）利用夜间灯光数据考察了中国城市体系规模分布的特征及其动态演进。结果发现，中国城市规模分布呈现扁平化的特征，并从"借用规模"的视角解释了为何小城市增长迅速而中等规模城市增长停滞。

迄今只有少数国际文献实证检验了城市间的网络效应及其对经济增长或经济结构的影响。其中，Oort 等（2010）基于重力模型，利用兰斯台德区阿姆斯特丹、海牙、鹿特丹以及乌得勒支等城市 1676 家企业数据检验城市间是否存在空间关联、功能关联和互补性，结果发现一些小城市间的互补性不具有广泛代表性，无法证明城市间普遍存在功能关联。Neal（2011）利用美国 1900 ~ 2000 年 64 个都市区数据检验城市规模和城市网络对经济结构的影响，结果发现美国城市体系由 20 世纪初的以规模层级结构为主演变为 20 世纪 40 年代中期的以网络结构为主，城市规模对经济结构的影响逐渐减弱，而城市网络对经济结构的影响则在增强。Liu 等（2014）构建网络经济模型，利用中国 1999 ~ 2010 年 35 个城市 18 个行业数据，定量分析了城市结构的演变以及城市规模和城市网络对城市经济发展的影响，结果也显示城市规模的影响正逐渐减弱，而城市网络的影响正逐步走强。该研究还预测在 2018 年前后，城市网络对经济发展的影响要高于城市规模的作用。

城市群是我国城市体系中的核心部分。城市群作为特定地域范围内的城市群体，具备城市等级和网络体系的双重特征。赵勇和白永秀（2012）在测度中国十个代表性城市群功能分工水平的基础上，指出城市群中心城市和外围城市间不仅存在传统等级体系，而且各城市间也存在专业化分工和产业关联。Duranton 和 Puga（2005）的研究认为交通和通信技术的发展促进了城市分工和统一市场的形成，进而导致企业总部与生产部门分离，而企业生产组织形式的变化促使了城市间分工的转变，大城市逐渐成为商业服务中心，而小城市主要从事生产制造环节。李煜伟和倪鹏飞（2013）通过构建运输网络下的城市群增长模型，研究发现运输网络的改善促进了中心城市的要素集聚和经济增长，非中心城市在流失要素的同时能更有效地应用中心城市的知识外溢，与中心城市协同增长。这是一个双赢的有趣结论，但是该研究关注中心城市和非中心城市的纵向作用，未考察运输网络是否影响同类城市间的横向作用，例如城市群内竞争作用。其他关于城市群的研究聚焦于城市群范围识别（方创琳，2009）、城市群空间结构（姚士谋和陈爽，1998）、城市群发育程度（宋吉涛等，2015）以及城市群投入和产出效率（方创琳和关兴良，2011）。迄今，采用规范的经济学方法和较大的样本检验群内等级与网络效应的研究仍相当薄弱。

学术界自提出城市网络之初就普遍认为交通网络在城市体系的形成和演化中具有重要作用，并对其进行了统计分析。De Goei 等（2010）认为提高居民和厂商流动性是城市结构变化的重要原因，其利用拓展的重力模型和1981～2001年英国东南部交通数据分析了城市结构的演变，结果显示城市间网络特征并不明显，该地区还未形成统一的城市网络。Zheng（2010）利用日本东北地区的数据研究区域交通网络的改善对地区经济的影响，结果发现各地从交通改善中获益不同，接近东京的城市之间时间距离每减少1%，关东地区经济就会增长2.2%，东北地区就会增长0.64%，整个东部地区会增长0.44%。宋伟等（2008）利用航空客运数据考察了城市间的联系以及城市体系的结构和变化。陈伟劲等（2013）采用城际客流数据分析了珠三角城市联系的空间格局特征，认为城际轨道建设打破了行政边界，加强了珠三角城市之间的联系，有助于形成一体化经济区。冷炳荣等（2011）强调网络体系中的城市联系途径是将资金流动、电信空间、网上商务、航空网络等方式和地面交通相融合，城市间联系总量和多样化将前所未有地扩大和增强。Ke 等（2014）则依据新经济地理产业关联的理论模型，利用中国地级及以上等级城市数据检验了上下游产业协同布局和空间相关性。绽逸博（2015）根据中间投入品理论和上下游产业关联构建了城市网络效应模型，进而检验了城市间竞争网络效应和互补网络效应对城市经济增长的影响。上述研究不自觉地提供了中国城市网络的若干统计证据，但大多数研究并未有意识地从城市网络三要素（远距离关系、网络外部性和合作要素）以及集聚经济与网络经济可替代性出发考察城市体系内上下游产业远距离的空间关联。然而，已有文献（柯善咨，2009；绽逸博，2015）在城市等级—网络效应的理论框架构建和数据测度上做出了重要贡献，为后续进一步研究打下了坚实的基础。

综上所述，对产业关联和城市体系效应的研究取得了一些成果，但是基于正规理论和产业关联数据的研究极为薄弱。本书在已有研究基础上做了以下工作：第一，进一步将城市网络效应聚焦在城市群。城市群是我国城市体系中的核心部分，城市群上下游产业不仅与远距离其他城市存在空间关联，更与群内城市存在空间关联，因而城市群内叠加效应可能更显著。第二，改进区域交通网络的测度，进而考察交通条件的改善和城市网络效应对城市经济增长的协同影响。交通网络是城市空间关联的重要载体。以往研究通常使用省级公（铁）路里程或货（客）运量衡量交通条件，这种粗糙的测度无法捕捉到省内各城市间区域交通条件的差异。与其他测度相比，本书使用经过城市的高速公路条数更能衡量一个地区对外交通条件。第三，传统计量方法因忽略城市间的空间影响可能产生有偏和不一致的参数估计，因此本书实证部分更全面地考察了城市空间溢出效应。

三、理论框架和计量模型设定

本部分根据 Krugman（1991）、Venables（1996）和 Fujita 等（1999）的区域间贸易、中间投入品和产业相关的理论，演绎上下游产业在城市间的竞争和互补关系，进而设置城市网络计量模型。

（一）理论框架

我们先沿用 NEG 框架构建一个简单的理论模型。设消费效用为 $U = M_1^{\mu} M_2^{1-\mu}$，$M_1$ 和 M_2 分别是两产业产品集合。首先考虑均衡时产业 1 产品（消费品）的需求和替代（省略产业 1 下标，所有结果适用于产业 2）。根据区间贸易假设（Combes et al., 2008），城市 i 不仅消费本市产品 $m_{ii}(s)$，而且消费城市 j 的产品 $m_{ij}(s)$，s 表示多样化产品种类。均衡时每个厂商生产一种产品，n_i 和 n_j 分别是城市 i 和城市 j 的产品种类数。设城市 i 消费的产业 1 产品集合 M_i 是不变替代弹性函数，$M_i = \left\{ \int_0^{n_i} m_{ii}(s)^{(\sigma-1)/\sigma} ds + \int_0^{n_j} m_{ij}(s)^{(\sigma-1)/\sigma} ds \right\}^{\sigma/(\sigma-1)}$，$\sigma$ 是替代弹性。令 p_{ii} 是城市 i 产品的本地价格，p_{ij} 是在城市 i 购买城市 j 产品的价格。城市间交易成本用冰川运输模型所定义的 τ_{ij} 表示，若 p_{jj} 是城市 j 的价格，则 $p_{ij} = \tau_{ij} p_{jj}$。用 E_i 表示城市 i 在产业 1 所有产品上的消费支出。在此约束下，使产品集合 M_i 最大化的消费量 m_{ii} 和 m_{ij} 分别是：

$$m_{ii} = p_{ii}^{-\sigma} P_i^{\sigma-1} E_i, \quad m_{ij} = p_{ij}^{-\sigma} P_i^{\sigma-1} E_i \tag{4-1}$$

大写符号 P_i 是城市 i 的价格指数，若产品差异化 s 非连续，假设均衡时产品当地价格为 p_{ii} 和 p_{jj}，则有：

$$P_i = (n_i p_{ii}^{1-\sigma} + n_j \tau_{ij}^{1-\sigma} p_{jj}^{1-\sigma})^{1/(1-\sigma)} \qquad (4-2)$$

其中，$\tau_{ij}^{1-\sigma}$ 表示贸易自由度。由式 4 - 2 可知，价格指数不仅取决于本地与其他地区产品价格与厂商数量，也受运输成本的影响。设 E_i 为常数，则需求价格弹性（δ）为：

$$\delta = -\frac{\partial m_{ii}}{\partial p_{ii}}\frac{p_{ii}}{m_{ii}} = \sigma - (\sigma-1)sh_i, \quad \delta \to \sigma \quad \text{if} \quad sh_i \to 0 \qquad (4-3)$$

其中，sh_i 表示每个厂商的市场份额，如果厂商数量很大，sh_i 趋于 0，极限时 $\delta = \sigma$。

接下来分析成本和产出。设城市 i 厂商边际成本和固定成本分别是 c_{i1} 和 f_{i1}，则产量 q_{i1} 的总成本为 $c_{i1}q_{i1} + f_{i1}$。设生产技术为一般性 C - D 函数。均衡时成本等于产出：

$$c_{i1}q_{i1} + f_{i1} = l_{i1}^{\theta} k_{i1}^{\gamma} K_{i1j1}^{\beta_{11}} K_{i1j2}^{\beta_{21}} \qquad (4-4)$$

其中，l_{i1}、k_{i1}、K_{i1j1}、K_{i1j2} 分别表示劳动力、资本和来自其他城市的中间投入，其中 $K_{i1j1} = \left(\int_0^{n_{j1}} q_{j1i1}(s)^{(\sigma_1-1)/\sigma_1} ds\right)^{\sigma_1/(\sigma_1-1)}$，$q_{j1i1}(s)$ 是城市 j 产业 1 厂商 s 供给城市 i 产业 1 的中间投入量。设产品差异化 s 非连续，每种产品的中间投入相同，则 K_{i1j1} 可简化为 $K_{i1j1} = q_{j1i1} n_{j1}^{\sigma_1/(\sigma_1-1)}$。同理，$K_{i1j2} = q_{j2i1} n_{j2}^{\sigma_2/(\sigma_2-1)}$。用 w_i 和 g_i 分别表示城市 i 的工资水平和其他要素的价格，利用 Krugman 和 Venables（1995）的成本函数，则城市 i 产业 1 厂商成本 $C_{i1} = w_i^{\theta} g_{i1}^{\gamma} P_{j1}^{\beta_{11}} P_{j2}^{\beta_{21}} (c_{i1}q_{i1} + f_{i1})$，其中 P_{j1} 和 P_{j2} 分别是来自其他城市两产业中间投入的价格指数。产业 1 每个厂商利润为 $\pi_{i1} = p_{i1}q_{i1} - C_{i1}$，利用最大化一阶条件（$\partial \pi_{i1}/\partial q_{i1} = 0$）和上述需求价格弹性等于产品替代弹性（$\delta = \sigma$），则有：

$$p_{i1} = c_{i1}\sigma_1 w_i^{\theta} g_{i1}^{\gamma} P_{j1}^{\beta_{11}} P_{j2}^{\beta_{21}} / (\sigma_1 - 1)$$

设出厂价相同，即 $p_{ii1} = p_{jj1}$，同时令其他城市厂商总数是城市 i 厂商数的 η 倍，则有：

$$p_{i1} = c_{i1} \sigma_1 w_i^\theta g_{i1}^\gamma p_{j1}^{\beta_{11}} p_{j2}^{\beta_{21}} n_{11}^{\beta_{11}/(1-\sigma_1)} n_{21}^{\beta_{21}/(1-\sigma_2)} \left(1 + \eta \, \tau_{ij}^{1-\sigma_1} \right)^{(\beta_{11}+\beta_{21})/1-\sigma_1} / (\sigma_1 - 1)$$

$$(4-5)$$

由于长期均衡利润为 0，因此城市 i 产业 1 每个厂商均衡产量 $q_{i1}^* = C_{i1}/p_{i1}$。把上述 C_{i1} 和 p_{i1} 代入整理可得：①

$$q_{i1}^* = f_{i1}(\sigma_1 - 1)/c_{i1} \tag{4-6}$$

将式（4-6）代入式（4-4），则有：

$$l_{i1}^\theta k_{i1}^\gamma K_{i1j1}^{\beta_{11}} K_{i1j2}^{\beta_{21}} = c_{i1} q_{i1}^* + f_{i1} = f_{i1} \sigma_1 \tag{4-7}$$

设产业 1 劳动力占城市劳动力的 λ 分之一，劳动力产出的弹性系数为 1，则均衡时城市 i 产业 1 的厂商数：

$$n_{i1} = \frac{1}{\lambda l_{i1}} = \frac{k_{i1}^\gamma K_{i1j1}^{\beta_{11}} K_{i1j2}^{\beta_{21}}}{\lambda f_{i1} \sigma_1} \tag{4-8}$$

城市 j 产业 1 和产业 2 每个厂商产量分别为 q_{j1} 和 q_{j2}。回到城市 i，根据产业间的投入产出系数 ρ，则有：

$$K_{i1j1} = \rho_{11} q_{j1} n_{j1}^{\sigma_1/(\sigma_1-1)}, \quad K_{i1j2} = \rho_{21} q_{j2} n_{j2}^{\sigma_2/(\sigma_2-1)} \tag{4-9}$$

将式（4-9）代入式（4-8），可得：

$$n_{i1} = k_i^\gamma \rho_{11}^{\beta_{11}} \rho_{21}^{\beta_{21}} q_{j1}^{\beta_{11}} q_{j2}^{\beta_{21}} n_{j1}^{\sigma_1 \beta_{11}/(\sigma_1-1)} n_{j2}^{\sigma_2 \beta_{21}/(\sigma_2-1)} / (\lambda f_{i1} \sigma_1) \tag{4-10}$$

式（4-5）、式（4-6）和式（4-10）分别表示价格、厂商产量和厂商数，代入城市 i 产业 1 的产出 $Y_{i1} = n_{i1} p_{i1} q_{i1}$，整理可得：

$$Y_{i1} = \frac{1}{\lambda} w_i^\theta (k_i g_{i1})^\gamma \alpha_{11} Y_{j1}^{\beta_{11}} \alpha_{21} Y_{j2}^{\beta_{21}} \left(1 + \eta \, \tau_{ij}^{1-\sigma_1} \right)^{\beta_{1\tau}} \tag{4-11}$$

其中，参数 $\alpha_{11} = \rho_{11}^{\beta_{11}}$，$\alpha_{21} = \rho_{21}^{\beta_{21}}$，$\beta_{1\tau} = (\beta_{11} + \beta_{21})/(1-\sigma)$；$w_i^\theta/\lambda$ 是用工资表示的劳动力投入量，可简写为 L_i；$k_i g_{i1}$ 是城市 i 的其他投入，可简写为 X_i；$\alpha_{11} Y_{j1}$ 和 $\alpha_{21} Y_{j2}$ 分别表示城市 i 产业 1 据投入产出系数所用城市 j 两个产业的产品；

---

① 整理过程可参见 Fujita 等（1999）或梁琦等中译本（2005）。

最后一项 $(1 + \eta\,\tau_{ij}^{1-\sigma_1})$ 是交通运输成本。同理，可写出城市 i 产业 2 产出：

$$Y_{i2} = \frac{1}{1-\lambda} w_i^{\theta} (k_i g_i)^{\gamma} \rho_{12}^{\beta_{12}} \rho_{22}^{\beta_{22}} Y_{j1}^{\beta_{j12}} Y_{j2}^{\beta_{j22}} (1 + \eta\,\tau_{ij}^{1-\sigma_2})^{\beta_2}\tau \qquad (4-12)$$

（二）计量模型和城市网络测度

将上述两模型转化为对数方程，则有：

$$\ln Y_{i1t} = \alpha_0 + \alpha_1 \ln L_{i1t} + \alpha_2 \ln X_{i1t} + \alpha_3 \ln Y_{i2t} + \alpha_4 \ln Y_{j1t} + \alpha_5 \ln Y_{j2t} + \alpha_6 \ln T_{it} + \varepsilon_{it}$$
$$(4-13)$$

$$\ln Y_{i2t} = \gamma_0 + \gamma_1 \ln L_{i2t} + \gamma_2 \ln X_{i2t} + \gamma_3 \ln Y_{i1t} + \gamma_4 \ln Y_{j1t} + \gamma_5 \ln Y_{j2t} + \gamma_6 \ln T_{it} + \zeta_{it}$$
$$(4-14)$$

其中，式（4-13）是城市 i 产业 1 的总产出方程。式（4-13）中下标 t 表示年份；L_{i1} 是城市 i 产业 1 的劳动投入；X_{i1} 是控制变量，包括本市要素投入和城市经济环境变量等；Y_{i2} 是本地产业 2，即 Y_{i1} 的互补产业；Y_{j1} 和 Y_{j2} 分别测度所有其他城市（而非单一城市 j）共同构成的竞争网络和互补网络；$T = 1 + \eta\,\tau^{1-\sigma}$ 表示城市间交易成本；误差项具有面板数据模型的通常结构，$\varepsilon_{it} = u_i + e_{it}$，其中 u_i 是城市固定效应，e_{it} 表示随机误差。同理，式（4-14）是城市 i 产业 2 的总产出方程。其中，误差项 ζ_{it} 与 ε_{it} 结构相同。

需要特别说明的是，Venables（1996）的纵向关联和区位理论强调上游产业产品价格决定着下游产业的投入成本，而下游产业规模决定上游产业的市场需求。因此，成本优势和市场优势分别决定了上下游关联的两个产业互为互补产业。相反，垄断竞争行业具有一定的替代性和竞争性。在城市层面，其他城市处于同一产业链上游（或下游）的产业可以提供与本城市同产业相似的中间投入品（或市场），从而替代本地产业。无论是在同一地区集聚还是通过城市网络联系，上下游产业间都可能产生互补效应。本书的研究目的在于分别估计城市上游和下游产业产出的决定因素，检验城市网络效应，因此，方程解释变量中包含城市网络中的互补效应（H_{net}）和替代效应变量（J_{net}），不包含本地同产业变量。例如，方程式（4-13）的被解释变量 $\ln Y_{i1t}$ 是城市 i 上游产业的产出，本城市下游产业 $\ln Y_{i2t}$ 是上游产品的市场，因此可能具有互补效应。同时，城市网络中其他所有城市的下游产业 $\ln Y_{j2t}$ 都可能成为 $\ln Y_{i1t}$ 的产品市场，对其产生互补效应，而其他所有城市的上游产业 $\ln Y_{j1t}$ 则与城市 i 的上游产业 $\ln Y_{i1t}$ 争夺市场，产生替代效应。同理，式（4-14）可以分别检验本地和城市网络中的上游产业对本城市下游产业的互补效应，以及对城市网络下游产业的替代效应。因此，上述两式表示为：

$$\ln Y_{ikt} = \beta_0 + \beta_1 \ln Jnet_{ikt} + \beta_2 \ln Hnet_{ikt} + \beta_3 \ln LS_{ikt} + \beta_4 \ln SL_{ikt} + \beta_5 \ln Y_{hikt} + \beta_6 \ln L_{ikt} +$$
$$\beta_7 \ln X_{ikt} + \beta_8 \ln T_{ikt} + \mu_{ikt}, \quad k = 1, 2 \tag{4-15}$$

式（4-15）中 L、X 和 T 的意义与上述两式——式（4-13）和式（4-14）中的意义相同，Y_{hi} 是被解释变量 Y_i 在本城市的互补行业产出规模。$Jnet_i$ 是所有其他城市与 Y_i 相同的产业构成的竞争网络，$Hnet_i$ 是其他城市与 Y_i 有投入产出关系的产业构成的互补网络，当 Y_i 是上游（下游）产业时，$Hnet_i$ 由所有其他城市下游（上游）产业构成。LS_i 表示源自中心城市、作用于邻近小城市的增长极扩散—回流效应，SL_i 表示由广大腹地作用于大城市的市场区效应。

城市 i 得到的竞争网络效应由同行业规模和分布所决定，其他城市同业规模越大，距离越近，竞争性越强，因此用 $\sum_{j=1,j\neq i}^{N}(Y_{jk}/d_{ij}^{\theta})$ 表示，其中 d_{ij} 是城市间距离，θ 是距离衰减指数，已有文献表明距离衰减指数值对检验结果无实质影响，因此本书 θ 取值 2（下面的互补网络构造同此），N 是城市个数。同一产业链内可能有多个（$k>1$）下游行业使用同一上游的产品，竞争网络变量的一般结构为：

$$Jnet_{ik} = \sum_{k\geqslant 1}\left[Y_{ik}\rho_{kk}\sum_{j=1,j\neq i}^{N}(Y_{jk}/d_{ij}^{\theta})\right] \tag{4-16}$$

互补网络效应发生在不同城市的上下游产业之间。用下标 s 和 x 分别标注上游产业和下游产业，设城市 i 某一产业链的上游产业规模为 Y_{is}，分布在其他任一城市 j $(j \neq i)$ 的下游产业规模为 Y_{jx}，下游产业对上游产业的完全消耗系数为 ρ_{sx}，则城市 i 上游产业 s 得到下游产业市场需求的互补效应可表示为：

$$Hnet_{is} = \sum_{x=1}^{x'} \left[Y_{is}\rho_{sx} \sum_{j=1,j\neq i}^{N} (Y_{jx}/d_{ij}^{\theta}) \right] \qquad (4-17)$$

其中，$\sum\limits_{j=1,j\neq i}^{N} (Y_{jx}/d_{ij}^{\theta})$ 是以距离反比为权重的 $N-1$ 个城市下游产业的产出总和，外层求和个数 x' 是下游产业个数，各产业链下游产业数不同。

设城市 i 某产业链的某下游产业 x 的规模为 Y_{ix}，上下游产业间投入产出系数为 ρ_{sx}，该市同产业链所有下游产业对上游产品的市场需求为 $\sum\limits_{x=1}^{x'}\rho_{sx}Y_{ix}$；令城市 j $(j\neq i)$ 上游产业 s 规模为 Y_{js}，距离为 d_{ij}，城市 j 提供的中间投入为 $(Y_{js}/d_{ij}^{\theta})\sum\limits_{x=1}^{x'}\rho_{sx}Y_{ix}$，则城市 i 下游产业 x $(x=1,\cdots,x')$ 获得的上游产业网络产生的中间品成本互补效应为：

$$Hnet_{ix} = \sum_{j=1,j\neq i}^{N} (Y_{js}/d_{ij}^{\theta}) \sum_{x=1}^{x'}\rho_{sx}Y_{ix} \qquad (4-18)$$

由于城市 i 各制造业行业分属于某些产业链的上游或下游，其总和构成城市 i 制造业增长，将上游和下游两个方程（两组样本）合并即可估计城市网络和城市等级体系对城市 i 制造业的综合影响。

四、变量和数据说明

我国《国民经济行业分类》（GB－T4754—2002）中有 30 个二位代码制造业，统计部门却未出版过相应的投入产出表。借鉴绽逸博（2015）构建上下游产业链的方法，我们将国家统计局 2007 年 135 个行业投入产出表中代码为 11~91 的 80 个制造业分类、合并，使之与《国民经济行业分类》中二位代码为 13~43 的 30 个制造业行业（没有代码 38）相匹配，转换为 30 个行业间基本流量表，据此计算完全消耗系数。根据完全消耗系数最大的上下游产业，可将 30 个制造业分为 8 条产业链，如表 4-1 所示。

表 4-1 中国城市制造业 8 条产业链

产业链	上游产业代码和名称	下游产业代码与产业名称
食品链	13 农副食品加工业	14 食品制造业，15 饮料制造业，19 皮革、毛皮、羽毛（绒）及其制品业
纺织链	17 纺织业	18 纺织服装、鞋、帽制造业
木材链	20 木材加工及木、竹、藤、棕、草制品业	21 家具制造业
纸媒链	22 造纸及纸制品业	16 烟草制品业，23 印刷业和记录媒介的复制
化工链	26 化学原料及化学制品制造业	24 文教体育用品制造业，25 石油加工、炼焦及核燃料加工业，27 医药制造业，28 化学纤维制造业，29 橡胶制品业，30 塑料制品业，31 非金属矿物制品业，43 废弃资源和废旧材料回收加工业
设备链	32 黑色金属冶炼及压延加工业	34 金属制品业，35 通用设备制造业，36 专用设备制造业，37 交通运输设备制造业
金属链	33 有色金属冶炼及压延加工业	39 电气机械及器材制造业，42 工艺品及其他制造业
电子链	40 通信设备、计算机及其他电子设备制造	41 仪器仪表及文化、办公用机械制造业

计量模型的被解释变量是各城市产业链上游或下游产业增加值，主要解释变量是城市网络效应。城市网络效应（$Jnet_i$ 和 $Hnet_i$）按式（4-16）、式（4-17）和式（4-18）构建。同样以食品链为例，城市 i 上游产业（代码 13）和下游产业（代码 14、代码 15、代码 19）受到其他城市同产业竞争的影响分别

是 $Jnet_{i13} = Y_{i13}\rho_{13,13}\sum\limits_{j=1,j\neq i}^{N}(Y_{j13}/d_{ij}^{\theta})$ 和 $Jnet_{ik} = \sum\limits_{k=14,15,19}\left[Y_{ik}\rho_{kk}\sum\limits_{j=1,j\neq i}^{N}(Y_{jk}/d_{ij}^{\theta})\right]$；食品链中其他城市的下游产业和上游产业对城市 i 上游和下游产业的互补影响分别是 $Hnet_{is} = \sum\limits_{x=14,15,19}\left[Y_{i,13}\rho_{13,x}\sum\limits_{j=1,j\neq i}^{N}(Y_{jx}/d_{ij}^{\theta})\right]$ 和 $Hnet_{ix} = \left[\sum\limits_{j=1,j\neq i}(Y_{j13}/d_{ij}^{\theta})\right]$ $\sum\limits_{x=14,15,19}\rho_{13,x}Y_{ix}$。

城市等级效应变量（LS_i 和 SL_i）借鉴柯善咨（2009）的方法构建。第一步，将县级市作为小城市，地级及以上城市作为大城市，用城市 j（$j\neq i$）的 GDP（Y_{jS}，Y_{jL}）分别构建滞后变量 L. $Y_{iS} = \sum\limits_{j_s=1,j_s\neq i}^{N_S}(Y_{js}/d_{ij_s}^{\sigma})$ 和 L. $Y_{iL} = \sum\limits_{j_L=1,j_L\neq i}^{N_L}(Y_{jL}/d_{ij_L}^{\sigma})$，下标 j_S、j_L 表示小、大城市序号，N_S、N_L 表示小、大城市数。中心地学说和增长极理论认为城市等级作用局限于中心城市统辖地域，仅含邻近城市，本书设距离 $d_{ij}\leqslant 100km$。第二步，用虚拟变量 l_i 和 s_i 表示大小城市。如果城市 i 是大城市，$l_i = 1$，$s_i = 0$，两交互项分别是 L. $Y_{iS}l_i > 0$ 和 L. $Y_{iL}s_i = 0$；若城市 i 是小城市，$l_i = 0$，$s_i = 1$，则两交互项分别取值 L. $Y_{iS}l_i = 0$ 和 L. $Y_{iL}s_i > 0$。L. $Y_{iS}l_i$ 和 L. $Y_{iL}s_i$ 在计量模型中分别用 SL_i 和 LS_i 表示，前者测度自下而上的市场区效应，后者只计量大城市对小城市的等级效应。

其他变量指标如下。城市间运输成本（T）用经过各市境内的高速公路数（$trans$）测度，数据从各省市 2005~2007 年地图册上读出。理论模型中的互补行业规模（Y_h）用相应行业增加值表示。行业资本存量（k）用同行业所有企业资本存量表示，行业劳动投入（emp）用同行业所有企业从业人员表示。本书使用每万人中高校学生数（$student$）和市辖区中学师生比（$midts$）衡量人力资本水平。城市通信条件以互联网用户数（$internet$）测度。下标 s 和 x 分别表示上游和下游产业的变量。表 4-2 报告了以城市或产业链为单位的主要变量的描述性统计量。

表 4 – 2 数据描述性统计

变量	含义	均值	标准差	极小值	极大值
$Jnet_s$	上游产业的竞争网络效应	4.97E + 07	7.10E + 08	5.96	2.77E + 10
$Hnet_s$	上游产业的互补网络效应	1.87E + 07	1.64E + 08	11.81	1.02E + 10
$Jnet_x$	下游产业的竞争网络效应	7932931	7.89E + 07	0.22	3.36E + 09
$Hnet_x$	下游产业的互补网络效应	1325945	1.86E + 07	0.04	1.32E + 09
Y_{hs}	上游产业增加值（万元）	5092	27997	0.40	1287805
Y_{hx}	下游产业增加值（万元）	6534	28987	0.20	1228768
k_s	上游产业资本存量（万元）	12660	77084	4.1	3433833
k_x	下游产业资本存量（万元）	15706	89150	5.9	4623811
emp_s	上游产业从业人数（人）	3756	19260	7	1005928
emp_x	下游产业从业人数（人）	6560	23633	6	622380
SL	自下而上城市等级效应	41.29	375.25	0	9282.64
LS	自上而下城市等级效应	43.71	196.03	0	5097.73
$student$	每万人大学生数（人/万人）	183.67	312.46	0.15	2284.45
$midts$	普通中学师生比	0.0644	0.0191	0.019	0.2327
$internet$	互联网用户数（户）	115708	518457	36	1.08E + 07
$trans$	过境高速公路数（条）	1.15	1.34	0	12

资料来源：《中国工业企业数据库》《中国统计年鉴》和《中国城市统计年鉴》。

五、计量检验和分析

短面板模型一般形式是 $Y_{it} = \sum (\beta_k X_{kit}) + \delta_i + e_{it}$，下标 t 表示时间，X_{ki} 是解释变量，u_i 是个体固定效应，如城市区位、环境资源、文化传统等。需要指出的是，$Jnet_i$、LS_i 和 SL_i 在一定程度上是 Y_i 的空间滞后变量，然而在城市体系内，除了特大中心城市外，一般城市易受诸多城市合力的影响，却难以同时影响所有城市，因此三变量仅有弱内生性。为进一步消除内生性，本书用滞后一期的测度作为城市网络和等级效应的工具变量，并加前缀"L."标识。所有回归模型的 Hausman 检验都拒绝了随机效应原假设，表明固定效应与某些解释变量 X_{ki} 相关。计量估计采用去均值方法消除固定效应，结果中不出现固定效应系数。

（一）中国城市群内网络效应与等级效应

城市群以一个或多个经济发达的中心城市为核心，由若干空间距离较近、经济联系密切的城市组成。全国各省共有政府颁布或学术圈内普遍认可的城市群 15 个、群内城市约 300 个①。各城市群普遍大兴交通基础设施建设、促进城市分工合作，因而城市群既保持了传统等级体系，又突出了城市网络特征。为了分析各地城市群内城市间分工合作和产业空间协调状况，本书设置虚拟变量 *Group*，群内城市设 *Group* = 1，群外城市设 *Group* = 0，并引入城市群与上下游产业网络效应以及等级效应的交互项，检验城市群对网络效应和等级效应的影响。Hausman 检验确定所有方程都应采用 FE 模型。表 4 - 3 报告模型估计结果。

三个模型的主要控制变量（行业资本存量、行业劳动投入、互补行业规模等）参数估计显著，其他控制变量的参数估计显著性较低，但与前述估计并无本质差别。对于城市群外的城市而言，上游产业受竞争网络（ L. ln*Jnet* ）的影响不显著，但下游产业受到竞争网络显著的抑制作用，且上下游厂商受到

---

① 我国城市群划分大体上有学术版和政府版两类。前者主要有两个，即中国社科院《2006 年城市竞争力蓝皮书》提出的 15 个城市群和中国科学院地理科学与资源研究所《2010 中国城市群发展报告》提出的 23 个大城市群。政府版也主要有两个，即 2007 年国家发展改革委课题组提出的 10 大城市群和住建部（现住房城乡建设部）《全国城镇体系规划纲要（2005—2020 年）》提出的三大都市连绵区和 13 个城镇群。以上研究大体上勾勒出中国城市群的发展现状与总体趋势。本书使用 2005~2007 年样本数据，所以使用相应时期中国社科院 2006 年蓝皮书提出的 15 个城市群。

的综合影响仍显著为负。互补网络（L. ln$Hnet$）对城市各个产业都有显著的正效应。城市上下游产业的发展还受到自上而下的增长极扩散作用（L. lnLS）和自下而上的市场区拉动作用（L. lnSL），这些估计在三个方程中都通过了显著性检验。

城市群内的网络效应和等级效应是本部分检验的重点。必须指出，城市群虚拟变量和四个空间变量的交互项是在上述城市群外城市所得到的网络效应和等级效应基础上的增量。模型 4 和模型 5 的 $Group \times$ L. ln$Jnet$ 参数估计全部显著为负，表明群内城市的上游和下游厂商都因激烈竞争而比群外城市受到更为不利的影响。模型 4 的 $Group \times$ L. ln$Hnet$ 参数（ -0.0205 ）显示下游产业对上游产业的市场拉动作用在群内略低于在群外的作用，但是，负系数与群外城市平均估计值之和（ $0.0631 - 0.0205$ ）是 0.0426，远大于 0，说明群内上游厂商总体上仍受益于互补城市网络，同时也意味着城市群内上游厂商间竞争程度可能超过群外上游厂商间竞争程度，因而更依赖于城市群外的下游市场。模型 4 和模型 5 的群内竞争网络增量（ $Group \times$ L. ln$Jnet$ ）分别为 -0.0329 和 -0.0189，其相对大小也印证了群内上游厂商间竞争的确大于下游厂商间竞争。模型 5 互补网络 $Group \times$ L. ln$Hnet$ 参数估计（ 0.0263 ）则说明，与城市群外城市相比，群内城市上游供应商为下游厂商提供了种类更多、价格更加低廉的中间品，从而使得城市群内的下游厂商有更大的成本优势。模型 6 综合了上下游产业，估计结果介于模型 4 和模型 5，符合预期。

接下来，观察传统城市等级体系的扩散回流效应和市场区效应。由表 4 - 3 可知，三个方程中交互项 $Group \times$ L. lnLS 的参数全为负值，其中只有一个（模型 5）通过了检验，而 $Group \times$ L. lnSL 的三个参数估计都不显著。由于每个方程中的群外大小城市基本等级效应的参数值和显著性远远超过群内等级效应增加量，因此两组叠加值（ L. ln$LS + Group \times$ L. lnLS 和 L. ln$SL + Group \times$ L. lnSL ）显示城市群内大小城市之间和群外大小城市间都有较强的等级效应：大城市经

表 4 - 3 中国城市群内的网络效应和等级效应的 FE 模型估计

变量	Y = 上游产业		Y = 下游产业		Y = 所有制造业	
	模型 4		模型 5		模型 6	
	参数估计	（标准误差）	参数估计	（标准误差）	参数估计	（标准误差）
网络与等级效应						
L. ln$J$net	0.0129	(0.0150)	− 0.0146 *	(0.0087)	− 0.0079 *	(0.0046)
L. ln$H$net	0.0631 ***	(0.0142)	0.0143 *	(0.0078)	0.0183 ***	(0.0043)
L. lnLS	0.6318 **	(0.2753)	0.9882 ***	(0.2029)	0.9190 ***	(0.1911)
L. lnSL	0.2571 *	(0.1382)	0.3524 **	(0.1421)	0.2816 **	(0.1153)
$Group$ × L. ln$J$net	− 0.0329 *	(0.0171)	− 0.0189 *	(0.0098)	− 0.0143 **	(0.0072)
$Group$ × L. ln$H$net	− 0.0205 *	(0.0116)	0.0263 *	(0.0138)	0.0103	(0.0075)
$Group$ × L. lnLS	− 0.0273	(0.2327)	− 0.2445 *	(0.1271)	− 0.1632	(0.1778)
$Group$ × L. lnSL	0.1227	(0.1200)	− 0.0233	(0.1170)	0.0161	(0.0883)
控制变量						
ln$k$	0.6371 ***	(0.0213)	0.6490 ***	(0.0222)	0.6671 ***	(0.0160)
lnemp	0.2785 ***	(0.0230)	0.3532 ***	(0.0248)	0.2900 ***	(0.0172)
lnYh	0.0691 ***	(0.0080)	0.0037	(0.0088)	0.0209 ***	(0.0059)
ln$stup$	− 0.0262	(0.0506)	0.0278	(0.0282)	0.0036	(0.0343)
ln$midts$	0.0135	(0.0465)	0.0236	(0.0639)	0.0060	(0.0444)
ln$internet$	− 0.0421	(0.0405)	0.0943 **	(0.0380)	0.0286	(0.0278)
ln$trans$	0.1186 *	(0.0689)	0.0574	(0.0945)	0.0876	(0.0700)
$Constant$	− 2.6315 ***	(0.4892)	− 2.2686 ***	(0.4871)	− 2.8381 ***	(0.3907)
模型综合统计量						
Observations	5124		5124		10248	
R − squared	0.8782		0.9242		0.8974	
Std dev（u）	0.9703		0.9869		0.9528	
Std dev（v）	0.5304		0.4777		0.5461	

注：***、** 和 * 分别表示在弃真概率 $p < 0.01$、$p < 0.05$ 和 $p < 0.1$ 水平下拒绝零假设。

济总量的增长可能有助于小城市上下游制造业的发展，而小城市经济的壮大也推动了大城市制造业的增长。但是，不显著的交互项参数估计说明打造城市群尚未带来更大的效应，甚至和预期相反。$Group$ × L. lnLS 显著的负系数意味着群内中心城市在此期间的增长可能吸收了群内小城市的资源，降低了小城市制造业增长率。*Group* × L. ln*LS* 和 *Group* × L. ln*SL* 的 6 个参数估计总体上说明，与全国其他城市的平均等级效应（L. ln*LS* 和 L. ln*SL*）相比，群内城市等级效应增量不论正负都是次要的。

城市群建设的一个重要目标是由中心城市带动周边地区，增强城市间分工合作、协调发展。但结果发现，城市群对区域协同发展的贡献不尽如人意。与城市群外中心城市相比，在等级关系上，群内中心城市未能带动周边小城市制造业的发展，群内小城市的下游制造业可能因中心城市的经济增长而失去部分发展机会；在城市横向联系方面，群内城市间同产业竞争激烈，上下游产业协作尚有欠缺。

（二）区域交通条件对城市等级和网络效应的影响

交通网络是连接城市的纽带，区域交通条件良好的城市之间空间关联性自然较强。为了模拟区域交通条件与城市网络和城市等级的协同作用，本部分引入城市区域交通条件与城市空间效应的交叉项，其中，区域交通条件用通过城市辖区的高速公路条数表示。三个计量模型根据 Hausman 检验结果全部采用 FE 模型，表 4 - 4 报告了个体—时间双固定效应模型的估计结果。

三个模型的控制变量参数估计和表 4 - 3 相应方程的估计结果相似，城市基本网络效应和等级效应估计也与上述结果相仿，区域交通条件与城市等级效应交互项的参数估计均不显著。由于高速公路的主要作用是改善长途运输条件，这组估计说明我国城市等级体系效应主要发生在相邻的大小城市间，区域交通条件并不能捕捉更多的城市等级体系效应。城市网络概括了远近距离横向连接关系（Capello，2000），其效应理当由区域交通和网络范围决定。虽然模型 7 的两个交互项系数没有通过显著性检验，但模型 8 和模型 9 的估计结果为此提供了一些证据。

表 4 - 4 区域交通条件与城市网络效应协同作用的 FE 模型估计

变量	Y = 上游产业		Y = 下游产业		Y = 所有制造业	
	模型 7		模型 8		模型 9	
	参数估计	（标准误差）	参数估计	（标准误差）	参数估计	（标准误差）
L. ln$Jnet$	- 0. 0088	(0. 0150)	0. 0137 **	(0. 0068)	0. 0158 **	(0. 0075)
L. ln$Hnet$	0. 0401 ***	(0. 0144)	0. 0229 ***	(0. 0080)	0. 0330 ***	(0. 0067)
L. lnLS	0. 6415 ***	(0. 1453)	0. 7334 ***	(0. 1515)	0. 7015 ***	(0. 0971)
L. lnSL	0. 4082 **	(0. 1589)	0. 3548 **	(0. 1468)	0. 3844 ***	(0. 1189)
ln$trans$ × L. ln$Jnet$	- 0. 0024	(0. 0153)	- 0. 0183 ***	(0. 0067)	- 0. 0088	(0. 0068)
ln$trans$ × L. ln$Hnet$	0. 0092	(0. 0145)	- 0. 0153 **	(0. 0077)	- 0. 0159 ***	(0. 0056)
ln$trans$ × L. lnLS	- 0. 0927	(0. 0785)	- 0. 0695	(0. 0869)	- 0. 0729	(0. 0814)
ln$trans$ × L. lnSL	- 0. 0684	(0. 0713)	- 0. 1151	(0. 0752)	- 0. 0787	(0. 0683)
ln$k$	0. 6402 ***	(0. 0215)	0. 6599 ***	(0. 0108)	0. 6688 ***	(0. 0157)
lnemp	0. 2738 ***	(0. 0230)	0. 3421 ***	(0. 0132)	0. 2889 ***	(0. 0168)
lnYh	0. 0679 ***	(0. 0081)	0. 0045	(0. 0056)	0. 0222 ***	(0. 0059)
ln$stup$	- 0. 0237	(0. 0502)	0. 0276	(0. 0419)	0. 0038	(0. 0344)
ln$midts$	0. 0125	(0. 0470)	0. 0215	(0. 0724)	0. 0042	(0. 0451)
ln$internet$	- 0. 0443	(0. 0416)	0. 0826 *	(0. 0428)	0. 0208	(0. 0284)
ln$trans$	0. 2677	(0. 2663)	0. 7168 ***	(0. 2498)	0. 6175 **	(0. 2674)
$Constant$	- 2. 6753 ***	(0. 5449)	- 3. 1246 ***	(0. 5323)	- 3. 3228 ***	(0. 4298)
模型综合统计量						
Observations	5124		5124		10248	
R - squared	0. 8773		0. 9249		0. 8977	
Std dev（u）	0. 9668		0. 9946		0. 9445	
Std dev（v）	0. 5309		0. 4796		0. 5451	

注：*** 、** 和 * 分别表示在弃真概率 p < 0. 01、p < 0. 05 和 p < 0. 1 水平下拒绝零假设。

模型 8 中交互项 ln$trans$ × L. ln$Jnet$ 的负参数估计通过了显著性检验，将其与 L. ln$Jnet$ 的参数估计叠加（0. 0137 × L. ln$Jnet$ - 0. 0183 × ln$trans$ × L. ln$Jnet$），共同表示竞争网络对本市下游产业的非线性作用，则城市竞争网络极值的一阶条件（即 $d\ln Y/d$L. ln$Jnet = 0$ 的解）是 ln$trans = 0. 7486$，等价于 2. 1 条高速。

由于该极值点两边的 dlnY/dL. lnJnet 值分别是正号和负号，可以认为，当交通条件欠佳时其他城市同产业难以占领本市市场，那些城市竞争产业的发展不但不会抑制本市发展，反而会刺激本市同产业发展。但是，如果区域交通条件很便利、运输成本很低，外地产品则可轻易打入本地、抑制本地同产业发展。检查原始数据发现，多数城市高速公路数低于2.1条，因此，竞争网络对多数城市的制造业是有利的。模型7的交互项系数没有通过显著性检验。模型9综合了上下游产业，估计结果与模型8相似。

区域交通和互补网络交互项（lntrans × L. lnHnet）的参数估计在模型8中通过了统计检验，该参数估计为一负数。计算城市互补网络对下游产业作用（0.0229 × lnHnet - 0.0153 × lntrans × L. lnHnet）的极值，可以发现当 lntrans = 1.4966，即4.5条高速时，城市互补网络对本市下游制造业作用最大，若少于该阈值，城市互补网络（L. lnHnet）有利于本地下游产业的发展，当超过该阈值时，城市互补网络效应开始单调下降。回到样本数据，只有北京、天津、上海、广州和深圳等16个城市境内有4.5条以上高速公路。这些城市土地和劳动力成本昂贵，无论来自其他城市的原材料和中间投入品多么便利，也无法促进这些城市下游制造业的发展。恰恰相反，交通通信技术的发展已导致企业总部和生产部门的分离，区域交通网络越发达，这些城市的下游制造厂商越容易向周边城市转移。模型9的参数估计与模型8的相似。不难推论，区域交通基础设施有利于发达城市经济结构从制造业向高级生产性服务业升级。同时，我们还使用了各城市范围内等级公路里程数表示城市运输成本，模型估计结果如表4-5所示。

（三）空间计量经济模型检验

上述计量分析采用了时间滞后变量削弱网络效应变量的内生性。本部分使用最大似然估计（MLE）方法估计空间计量模型，报告一致性参数估计。取决

表4-5　区域交通条件与城市网络效应协同作用的再检验

变量	Y = 上游产业		Y = 下游产业		Y = 所有制造业	
	参数估计	（标准误差）	参数估计	（标准误差）	参数估计	（标准误差）
交通与网络效应						
L. ln$Jnet$	0.0080	（0.0069）	0.0130 *	（0.0073）	0.0110 **	（0.0050）
L. ln$Hnet$	0.0440 ***	（0.0100）	0.0240 ***	（0.0081）	0.0311 ***	（0.0049）
L. lnLS	0.5904 *	（0.3187）	0.9285 ***	（0.2864）	0.7575 ***	（0.2310）
L. lnSL	0.5668 ***	（0.2009）	0.7464 ***	（0.1806）	0.6625 ***	（0.1456）
ln$trans$ × L. ln$Jnet$	0.0019	（0.0101）	− 0.0129 *	（0.0067）	− 0.0032	（0.0050）
ln$trans$ × L. ln$Hnet$	0.0059	（0.0106）	− 0.0148 *	（0.0077）	− 0.0145 ***	（0.0046）
ln$trans$ × L. lnLS	− 0.0184	（0.0252）	− 0.0420 *	（0.0226）	− 0.0303 *	（0.0183）
ln$trans$ × L. lnSL	− 0.0360 *	（0.0197）	− 0.0504 ***	（0.0177）	− 0.0429 ***	（0.0143）
控制变量						
ln$k$	0.6435 ***	（0.0122）	0.6662 ***	（0.0110）	0.6732 ***	（0.0079）
lnemp	0.2710 ***	（0.0135）	0.3332 ***	（0.0134）	0.2831 ***	（0.0090）
lnYh	0.0680 ***	（0.0049）	0.0056	（0.0051）	0.0235 ***	（0.0034）
ln$stup$	− 0.0014	（0.0449）	0.0545	（0.0404）	0.0295	（0.0326）
ln$midts$	0.0438	（0.0848）	0.0459	（0.0762）	0.0453	（0.0615）
ln$internet$	− 0.0213	（0.0471）	0.1157 ***	（0.0423）	0.0478	（0.0341）
ln$trans$	0.1963 ***	（0.0657）	0.2695 ***	（0.0591）	0.2360 ***	（0.0476）
Constant	− 3.4382 ***	（0.7095）	− 5.2714 ***	（0.6382）	− 4.3276 ***	（0.5141）
模型综合统计量						
Observations	5124		5124		10248	
R - squared	0.8784		0.925		0.8983	
Std dev（u）	0.9912		1.1005		0.9047	
Std dev（v）	0.5341		0.4778		0.5326	

注：*** 、 ** 和 * 分别表示在弃真概率 p<0.01、p<0.05 和 p<0.1 水平下拒绝零假设。

于空间效应的类型，方程式（4-15）可以包含被解释变量和解释变量的空间滞后项，构成不同的空间计量模型。根据 Anselin（1993）的判断原则和 Hausman 检验结果，我们发现被解释变量和解释变量都存在空间效应，因此我们应当采用空间杜宾模型（SDM）：$Y = \rho(WY) + X\beta + WX\theta + u$，其中 WY 和 WX 分别是被解释变量和解释变量的空间滞后变量。表 4-6 报告了个体-时间 FE 模型 MLE 一致性估计。

表 4-6　SDM 个体-时间双固定效应模型 MLE 估计

变量	Y = 上游产业		Y = 下游产业		Y = 所有产业	
	模型 10		模型 11		模型 12	
	参数估计	（标准误差）	参数估计	（标准误差）	参数估计	（标准误差）
L. ln$Jnet$	-0.0062**	(0.0025)	-0.0047	(0.0038)	-0.0051*	(0.0029)
L. ln$Hnet$	0.0373***	(0.0047)	0.0119***	(0.0039)	0.0161***	(0.0042)
L. lnLS	0.4285***	(0.1077)	0.2136**	(0.0926)	0.3830***	(0.1047)
L. lnSL	0.1114	(0.0854)	0.1968**	(0.0936)	0.1397**	(0.0635)
ln$k$	0.1746***	(0.0233)	0.2518***	(0.0257)	0.2413***	(0.0243)
lnemp	0.0915***	(0.0236)	0.1144***	(0.0259)	0.1078***	(0.0245)
lnYh	0.1963***	(0.0426)	0.2681***	(0.0374)	0.2247***	(0.0282)
ln$stup$	0.0490	(0.0538)	0.0074	(0.0545)	0.0599	(0.1425)
ln$midts$	0.1001	(0.0937)	0.0607	(0.0882)	0.0296	(0.2499)
ln$internet$	-0.0649	(0.0609)	0.3441**	(0.1665)	0.2211	(0.1637)
ln$trans$	0.3715*	(0.2017)	0.1206	(0.1671)	0.3305	(0.4755)
$W \times$ L. ln$Jnet$	-0.0034*	(0.0019)	-0.0016***	(0.0006)	-0.0021***	(0.0005)
$W \times$ L. ln$Hnet$	0.0155**	(0.0064)	0.0367*	(0.0199)	0.0247**	(0.0118)
$W \times$ L. lnLS	0.1431***	(0.0379)	0.1762***	(0.0554)	0.1598***	(0.0421)
$W \times$ L. lnSL	0.1203***	(0.0314)	0.0642	(0.0422)	0.0977**	(0.0454)
$W \times$ ln$k$	0.0753*	(0.0456)	0.1444***	(0.0480)	0.1307***	(0.0422)
$W \times$ lnemp	0.1763***	(0.0533)	0.0119	(0.0604)	0.0861**	(0.0413)
$W \times$ lnYh	0.0445*	(0.0233)	0.1989***	(0.0657)	0.1780***	(0.0370)
$W \times$ ln$stup$	0.0359	(0.0572)	0.0482	(0.0484)	0.0849	(0.2254)
$W \times$ ln$midts$	0.2934*	(0.1708)	0.0918	(0.1632)	0.2607	(0.1864)
$W \times$ ln$internet$	0.0282	(0.1250)	-0.0060	(0.1312)	0.0505	(0.4182)
$W \times$ ln$trans$	0.6635**	(0.3260)	0.3166	(0.3683)	0.5291*	(0.3083)

续表

变量	Y = 上游产业		Y = 下游产业		Y = 所有产业	
	模型 10		模型 11		模型 12	
	参数估计	（标准误差）	参数估计	（标准误差）	参数估计	（标准误差）
Wald 空间滞后检验 χ^2	35.34		31.78		34.77	
LR 空间滞后检验 χ^2	34.25		34.91		35.60	
Wald 空间误差检验 χ^2	29.77		24.55		26.43	
LR 空间误差检验 χ^2	28.86		27.24		27.47	
R – squared	0.9227		0.9035		0.9144	
log – l	2447.2563		2780.5982		2938.5029	

注：＊＊＊、＊＊和＊分别表示在弃真概率 $p < 0.01$、$p < 0.05$ 和 $p < 0.1$ 水平下拒绝零假设。

表 4-6 上半部分与方程式（4-15）设置相同，与不含空间滞后项的表 4-3 相比，所有变量（尤其是网络效应和等级效应变量）参数估计值性质（正负）不变。表 4-6 下半部分是 SDM 模型的空间滞后项一致性参数估计，除了模型 11 中的 $W \times L. \ln SL$ 没有通过显著性检验外，所有其他网络效应和等级效应的空间项均通过了显著性检验，表明本市制造业的增长会受到其他城市经济活动的加权影响。因受篇幅所限，其他变量估计结果不再赘述。

由于空间解释变量通过空间矩阵产生反馈作用，SDM 模型的回归系数并不能直接测度自变量对因变量的影响程度。LeSage 和 Pace（2009）建议用直接效应和间接效应以及总效应来衡量解释变量的变化对因变量的影响。其中，直接效应测度城市网络和城市等级变量与其他解释变量在本地区对自身制造业的影响，而间接效应则表示解释变量对邻近地区的作用通过空间相关性对本地区制造业的影响，因此，间接效应反映了空间溢出效应。表 4-7 报告了估计结果。

表4-7 城市网络和城市等级的直接效应和间接效应

效应类型	变量	Y = 上游产业 模型13		Y = 下游产业 模型14		Y = 所有产业 模型15	
		参数估计	（稳健标准误）	参数估计	（稳健标准误）	参数估计	（稳健标准误）
直接效应	L. ln*Jnet*	− 0.0058 **	(0.0024)	− 0.0038	(0.0029)	− 0.0049 *	(0.0027)
	L. ln*Hnet*	0.0367 ***	(0.0043)	0.0107 ***	(0.0032)	0.0154 ***	(0.0045)
	L. ln*LS*	0.4527 ***	(0.1257)	0.2026 **	(0.0894)	0.3619 ***	(0.1108)
	L. ln*SL*	0.1076	(0.0816)	0.1832 **	(0.0846)	0.1277 *	(0.0673)
	ln*k*	0.1732 ***	(0.0249)	0.2409 ***	(0.0233)	0.2364 ***	(0.0482)
	ln*emp*	0.3393 ***	(0.0216)	0.2825 ***	(0.0201)	0.3036 ***	(0.0301)
	ln*Yh*	0.2897 ***	(0.0323)	0.3119 ***	(0.0309)	0.3074 ***	(0.0176)
	ln*stup*	0.0385	(0.0480)	0.0148	(0.0522)	0.0368	(0.0642)
	ln*midts*	0.1498 **	(0.0743)	0.1275	(0.0812)	0.1329 ***	(0.0326)
	ln*internet*	0.0640 *	(0.0379)	0.0189	(0.0353)	0.0445	(0.0357)
	ln*trans*	0.1414 **	(0.0682)	0.1187	(0.0756)	0.1393 *	(0.0761)
间接效应	L. ln*Jnet*	− 0.0027	(0.0036)	− 0.0013 ***	(0.0005)	− 0.0018 ***	(0.0007)
	L. ln*Hnet*	0.0132 **	(0.0054)	0.0492 *	(0.0257)	0.0248 **	(0.0116)
	L. ln*LS*	0.1337 ***	(0.0317)	0.3668 ***	(0.0918)	0.2921 ***	(0.0907)
	L. ln*SL*	0.1778 ***	(0.0429)	0.1593 ***	(0.0385)	0.1743 ***	(0.0381)
	ln*k*	0.1422 ***	(0.0456)	0.1720 ***	(0.0430)	0.1563 ***	(0.0566)
	ln*emp*	0.1012 **	(0.0411)	0.0052	(0.0392)	0.0049	(0.0562)
	ln*Yh*	0.0934 *	(0.0512)	0.1372 **	(0.0681)	0.1216 *	(0.0646)
	ln*stup*	0.0711	(0.0820)	0.0173	(0.0626)	0.1118	(0.1870)
	ln*midts*	0.1798	(0.1866)	0.1167	(0.1712)	0.1490	(0.1825)
	ln*internet*	0.1755 *	(0.0981)	− 0.0286	(0.0769)	− 0.0180	(0.0949)
	ln*trans*	0.3628 **	(0.1735)	0.1917	(0.1431)	0.2750 *	(0.1529)

注：***、**和*分别表示在弃真概率 p < 0.01、p < 0.05 和 p < 0.1 水平下拒绝零假设。

三个方程中城市竞争网络的直接效应和间接效应均为负数，且在综合样本（模型15）中均通过了显著性检验，表明竞争产业网络对本地区的制造业具有直接抑制作用，不利于本地区制造业的发展。估计结果还显示，城市互补产业网络的直接效应和间接效应均显著为正，表明其他城市的互补产业通过城市网络中上下游产业合作可以促进本地区关联产业的增长。城市等级的直接和间接效应估计表明，大城市对邻近小城市制造业的发展具有明显的直接和间接带动作用，而小城市制造业的增长也有助于大城市制造业的发展。

六、小结

工业化是城市化的重要驱动力，城市体系格局又影响着厂商效率。本章基于新经济地理和城市体系结构学说构建产业空间相关模型和城市等级–网络效应模型，利用30个制造业行业企业数据检验我国制造业在城市体系中的空间相关效应，印证演变中的城市体系格局。空间计量估计检验表明，城市群局部网络内竞争更加激烈，上游厂商更依赖于群外城市市场，而下游厂商可能更具成本优势，中心城市经济发展对群内较低等级的城市的制造业有一定的遏制作用。计量检验还显示，若交通条件欠佳，城市间竞争会刺激本市同产业发展，但是，过于便捷的区域交通却会使城市间竞争抑制本地同产业发展；与此相似，在交通条件达到更高的极值点以前，城市下游产业明显受益于上游互补产业网络，但是对于交通条件更为便利的发达城市，上游制造业网络的发展却使得下游产业更快地从自己城市迁出。

本章不仅可为新近发展的城市网络体系理论积累实证依据，也可为制定和评价城市和区域政策，以及为厂商大范围区位选址提供一些参考依据。其一，中国城市体系中已有显著的网络效应，制定城市区域政策不应局限于各自所辖区域。随着各行业专业技术和规模经济的发展、城市专业分工的深化，各类经济活动必然超越原有行政区域，横向关联和协调应是城市发展的题中应有之义。城市经济发展政策要立足于本地主导产业，同时参考全国关联产业的发展，发挥城市产业网络的互补和协同作用，并在横向竞争中淘汰本地落后产业。其二，城市群内各城市制造业同行业竞争激烈，城市群作为区域发展的重大策略在本样本时期尚未获得中心带动周边的增长极效应。在坚持专业分工、增强中心和周边产业互补发展中应适时检验和调整城市群发展目标和途径。其三，区域交通条件和城市网络对城市制造业具有非线性协同效应。改善区域交通不仅能促进中小城市制造业发展，而且有利于发达城市的制造业转移和产业升级。

第五章

交通条件、城市规模与劳动技能匹配效应

在上一章中我们以新经济地理和城市体系结构学说为基础，构建产业空间相关模型和城市等级－网络效应模型，测度我国632个城市的网络效应和等级效应，检验我国城市等级和网络体系对城市工业经济发展的影响，进而评价区域交通条件对城市等级和网络效应的协同作用。然而这仅分析了区域交通对制造业区位选择和城市经济增长的作用，并未从理论和实证上论证城市内交通对劳动生产率的影响。本章将在劳动力市场技术错配的背景下，将技能匹配引入Venables（2007）的交通条件－城市规模－生产率理论框架，分析城市交通条件、城市规模和劳动技能匹配对企业生产率的影响，进而设置计量模型，进行实证检验。

一、问题的提出

劳动生产率是衡量国家、地区或城市经济发展水平的一个核心指标。近二十年来，我国劳动生产率总体上大幅提升，但是在各地区和各城市间仍存在较大差异。根据《中国城市统计年鉴》数据，2015年我国中小城市单位劳动产出为56256元，明显低于大城市的70577元。传统的新古典经济学理论认为，资本和劳动力等生产要素数量和质量的差别是导致劳动生产率差异的原因。新经济地理学者强调运输成本的高低和规模经济的大小会促使区域经济形成"中心–外围"的空间结构，对不同地区和城市的市场规模和劳动生产率产生差异化影响。后续研究通过正规理论模型分析指出，劳动者与工作岗位的技能匹配程度影响劳动生产率（Duranton and Puga，2003）。反观我国劳动技能匹配状况，中华人民共和国人力资源和社会保障部数据显示 2014 年第四季度城市劳动力市场求人倍率为 1.15，各类用工总需求的 15% 无法得到满足，为 2001 年所有数据以来最高纪录。媒体调查认为劳动力市场技术错误匹配导致人力资本无法全部转化为生产力，甚至估计我国人力资本转化成真实供给能力的比例在 2011 年仅为 53%，在 2014 年降至更低水平。①

城市规模的大小决定着本地劳动力市场规模，进而极大地影响着技能匹配水平和企业生产率。大城市各种专业化行业比较齐全，劳动者技能与岗位技能需求愈相匹配。从日常观察可见，双双拥有高学历和专业技能的夫妻倾向于选择在大城市工作和生活，因为大城市的各类专业技能易于匹配，双方可以拥有各自的事业并获得较高的收入。理论和实证研究还表明，随着城市规模的增长和功能分工的演变，大城市逐渐成为管理、研发和先进服务业中心，而外围中小城市则主要承担专业化制造和加工功能（Duranton and Puga，2005；赵勇和白永秀，2012）。与中小城市相比，大城市具有吸纳高技能劳动力的优势，高技能劳动力和高技术企业具备各得其所的技能匹配和更高的生产率。

交通条件直接影响着劳动力流动性和技能匹配水平。在我国一些发达地区，城市交通条件的改善显著提高了大城市职工通勤距离。2017 年 GDP 排名前十的城市职工平均通勤里程都在 8 公里以上，其中排名前三的城市的平均通勤距离更是突破了 12 公里。全国其他地区城市交通条件的改善同样有助于提高劳动力流动性、扩大劳动力市场规模、缓解技能错配、提高劳动生产率。根

---

① 资料来源：经济参考报，https://finance.huanqiu.com/article/9CaKrnJUfZp。

据《第一财经周刊》中国城市分级标准，2016 年我国三、四线城市的道路面积较上年增长 8.6%（高于一、二线城市的 6.2%），而三、四线城市的月人均出行次数增长了 23.1%，增速是一、二线城市的近三倍。[①] 便利的交通和通勤条件显著提高了劳动力出行效率，也为更多城市提供了与大城市劳动力集聚同等的劳动力蓄水池效益。

　　企业的职工培训是改善技能匹配水平、提高生产率的另一重要途径。例如，福特汽车、摩托罗拉等企业每年人才培训支出在 10 亿美元以上；韩国每年人均就业培训费为 223 万韩元。[②] 劳动技能培训往往产生很高的效益。一些国际知名企业在培训上平均支出 1 美元，获得经济效益达 26 美元。[③] 我国沿海地区外资企业也很注重职工技能培训，为此专门在我国建立培训基地。相比之下，国内企业员工培训经费投入很低。据《中国企业人力资源管理调查报告》，培训经费占公司销售收入千分之三以上的企业仅占企业数的 8.7%，然而，占销售收入千分之零点五以下的企业则有 48.2%。许多企业处于既想节约短期培训成本又要提高经营收益的两难处境。此外，在产业结构调整时期，一些行业技能的相似性和职工择业的灵活性也给企业培训决策提出了难题。然而，忽视职工培训既限制了企业生产率增长，也不利于产业和地区经济发展。

　　行业技术水平和行业间技术相似性是影响技能匹配的另一个重要原因。根据人力资源社会保障部数据，技能劳动者数量仅占中国就业人员总量的 19% 左右，而高技能人才只占 5%，技能人才供需矛盾突出。根据《制造业人才发展规划指南》，现阶段新信息技术产业、高档数控和机器人、电力装备、新材料和生物医药等十大重点领域技工总缺口高达 3000 万人。特定行业技工缺口的扩大不仅降低了技能匹配的总体水平，也造成技术人才频繁流动。有些行业

---

① 资料来源：《中国城市统计年鉴》和《2016 智能出行大数据报告》。
② 资料来源：企业报道官网、搜狐网、商务部网站。
③ 资料来源：凤凰网。

人才流失率居高不下，以致企业不看好技能培训的投资回报。2017 年上半年山东跨行业跳槽报告称，机械和建筑等行业人才流失严重，占总跳槽人数的 10.36%，汽车及零配件、石油化工和原材料及加工业则分别吸纳了机械行业 23.77%、13.66% 和 13.08% 的流失人才。另据媒体报道，珠三角中小城市管理人才流失严重，如许多东莞的高管人才跳槽到广深企业。[①] 根据行业技术水平和城市类型系统地分析交通条件和技能匹配的影响将有助于增强地区经济结构调整的针对性。

本书的目的和贡献是将匹配成本引入交通条件—城市规模—生产率模型，分析交通条件对企业生产率作用的途径，并利用中国企业面板数据检验交通条件与城市规模通过改变技能匹配水平对企业生产率的影响机制及其行业差异，弥补了相关文献的缺失，为制定和评价城市发展政策提供了若干统计依据。

二、文献回顾

我们把与本章密切相关的文献分为三组：集聚经济与交通条件，交通条件与劳动力流动，劳动技能匹配机制的分析和检验。以下分别综述上述三组文献。

自马歇尔（Marshall，1890）勾画出集聚经济效应以来，后续文献，尤其是 Duranton 和 Puga（2003）的研究，分析了集聚经济的三个微观机制——劳动力蓄水池、中间投入的规模经济和技术外溢，并初步构建了理论模型。其中，劳动力集聚（劳动人蓄水池）有利于厂商雇用专业职工，也有利于劳动

---

① 资料来源：东方网、中研网。

者找到与个人技能相匹配的岗位，因而成为集聚经济的一个重要来源。改善交通条件将降低通勤成本，扩大地方劳动力市场，促进人口和产业集聚，产生集聚经济效益。为了确定交通条件影响城市生产率的空间范围，Graham 等（2009）使用英国企业面板数据和非线性计量模型检验了不同行业的集聚经济效益和影响距离。该研究显示，英国生产性服务业和建筑业的集聚产出弹性分别为 0.08 和 0.03，而制造业和消费性服务业的产出弹性仅为 0.02；该研究还显示生产性与消费性服务业和建筑业的距离衰减指数分别为 1.8 和 1.6，远大于制造业的 1.0，意味着与制造业相比，服务业和建筑业的集聚效益在空间上更加受制于距离和交通条件。Lin 和 Truong（2012）在一项类似研究中利用中国 1999～2009 年 278 个地级及以上等级城市面板数据检验交通距离对集聚效应和城市生产率的影响，用就业密度表示集聚，发现就业集聚的人均产出弹性为 0.109，并且集聚经济随着交通条件的改善而增长。除了类似的大量正面分析以外，城市经济学也指出交通密度的增长和经济活动过度集中会造成集聚不经济。为了研究城市密度、生产率和交通拥堵间的关系，Graham（2007）选择距离与成本两个变量来识别道路交通拥堵效应，使用英国制造业、建筑业和服务业厂商及其区位数据和超越对数需求函数估计交通拥堵对各行业厂商集聚效应的影响，发现某些行业厂商集聚收益随城市密度的增加而明显递减，交通拥堵降低了高度城市化地区的集聚收益。近年来我国研究者也定量研究了城市生产率因交通拥堵受到的损失。柯善咨和郑腾飞（2015）根据拥堵外部性和居民与厂商最优化原理构建理论模型，利用中国 266 个地级及以上城市 2003～2012 年数据检验交通密度对生产率的影响，证实城市劳动生产率随着车辆密度的增加出现了显著的倒 U 形变化。

现有研究表明，交通条件影响着劳动力在部门间和区域间的流动和配置，改善交通条件有利于促进经济结构调整、提高整体经济效率。Gollin 和 Roger-son（2014）利用一般均衡模型和数值模拟方法分析了非洲撒哈拉以南地区劳动生产率和交通成本是否会造成农业人口变动，模拟结果显示，如果农业全要素生产率和交通成本分别增加和降低 10%，农业部门人口可降低 20%。林理升和王晔倩（2006）在新经济地理框架内探讨了运输成本和劳动力流动对制造业区域分布的作用机制，认为运输成本的差异造成了沿海地区制造业的选址优势，而劳动力流动成本则阻碍了沿海地区产业集聚的进一步深化。张光南和宋冉（2013）采用中国各省份工业数据分析交通条件对要素投入的影响，结果显示改善交通基础设施能显著降低劳动力流动成本，促使劳动密集生产技术替代资本密集生产技术，并减少中间品投入，从而降低生产成本。

本章与劳动技能匹配研究密切相关，而劳动技能匹配水平直接受到劳动力市场规模和交通条件的影响。Helsley 和 Strange（1990）的早期研究曾构建了包括劳动者、厂商和土地开发商三个经济主体的模型，其理论分析表明劳动力市场规模越大，劳动者与工作岗位的匹配质量越高。基于上述理论，Duranton 和 Puga（2003）在理论框架中引入了劳动力市场竞争，构建了包含均衡企业数和匹配成本的厂商模型用以分析集聚经济的来源。由于存在规模经济，企业数量的增长比例小于劳动力增长比例，劳动力市场竞争加剧，从而提高了匹配质量和劳动生产率。由于交通成本制约了劳动者（特别是城市低收入者）的工作搜寻强度，所以降低交通成本会改善劳动力流动性、扩大劳动力市场有效规模、提高技能匹配水平。为检验交通条件对工作搜寻强度（进而对劳动技能匹配）的影响，Gautier 和 Zenou（2008）使用劳动力市场稳态均衡模型和 1981 ~ 1982 年美国全国调查数据分析了白人与黑人青年的工作搜寻强度（时间和距离）与产出水平，发现拥有私家车能使白人比黑人在单位距离时间内搜寻更多的工作，接近资本市场或公共交通则有助于减少劳动市场产出的差异。研究者还发现交通成本对工作搜寻强度的影响因收入而异。Phillips（2014）根据 2010 年华盛顿地区雇主 – 家庭调查数据，设计了交通补助的随机实验，检验交通成本对低收入者工作搜寻强度的影响。该研究显示接受补助的实验组比控制组的工作搜寻强度高 19%，而且交通补贴对偏远地区求职者的作用更加明显。现有研究还发现，交通成本对不同技能水平劳动者具有筛选效应，劳动力流动性也因技能水平而异。Zhao 和 Torfs（2015）的研究表明，由于存在劳动力流动成本，只有高技能劳动力才有能力迁往大城市，而低技能劳动者只能在本地搜寻工作；高技能劳动力外流使当地就业环境恶化，进而降低了低技能劳动者的匹配质量。个别文献还通过改善匹配效率研究了交通条件对经济增长的影响。Tikoudis 等（2012）的分析显示了交通基础设施通过改善贸易条件和提高匹配效率两种途径影响产出，该研究构建了两区域空间迭代模型，采用模拟实验分析匹配效应对经济增长的影响，结果发现交通基础设施通过改善劳动力匹配效率可提高人均产出 10% 左右。上述有关匹配机制的理论研究和实证检验为分析交通条件与生产率之间的关系提供了一个重要思路。

综上所述，相关领域的学者们初步探讨了技能匹配如何受劳动力市场规模和交通条件影响，但是理论分析中并未涉及劳动力市场规模和交通条件对技能匹配的协同或替代作用，实证检验中依赖比较简易的模型，也忽略了交通条件与技能匹配对不同技术水平行业和不同规模城市中企业效率的影响。本书在一定程度上弥补了这些研究的不足，书中理论和实证研究的逻辑是，技能匹配影响劳动生产率，即存在技能匹配效应；交通条件和城市规模协同作用于技能匹配效应。

三、理论框架和计量模型设定

Duranton 和 Puga（2003）的理论分析显示劳动力集聚通过技能匹配影响职工效率和净收入。本部分将技能匹配引入 Venables（2007）的交通条件—城市规模—生产率理论框架，分析城市交通条件、城市规模和劳动技能匹配对企业生产率的影响，进而设置计量模型。

(一) 理论框架

假设同行业的厂商生产同质产品，令 x 为劳动者技能与工作岗位完全匹配时的劳动生产率。因为存在集聚经济，企业生产率是城市劳动力规模 N 的增函数，$x(N)$，$x' > 0$。令 m 表示匹配成本，即劳动者技能与岗位所需技能差距导致的生产率损失。因为工人可以通过培训缩小技能差距，培训投入越大，岗位技能差距导致的生产率损失越小，所以培训投入量是匹配成本的反向测度。又因城市劳动力规模 N 的扩大会促进职工与岗位之间的技能匹配，降低匹配成本 m，所以匹配成本为 N 的减函数，$m(N)$，$m' < 0$。

假设城市空间是半径为 $\hat{z}$ 的圆，城市职工在城市内居住、在中央商务区（CBD）工作，非城市职工可在城市半径 $\hat{z}$ 以外的地方居住和工作。令 z 为城市代表性职工从居住地到 CBD 的通勤距离，用 $c(z)$ 和 $\rho(z)$ 分别表示职工通勤成本与城市地租。规模为 N 的城市代表性职工净收入（均衡时等于净产出）$y(N)$ 可表示为：

$$y(N) = x(N) - m(N) - c(z) - \rho(z), \quad z \in [0, \hat{z}] \qquad (5-1)$$

在市区半径外居住与工作的职工不支付通勤和城市地租，且假设其技能匹配成本为常数 $\bar{m}$，因此其收入为 $\bar{y} = \bar{x} - \bar{m}$。空间区位均衡时，城市边缘的地租为 0，城市边缘职工在城区内外就业的净收入相同，$y = \bar{y}$，也即：

$$x(N) - m(N) - c(\hat{z}) = \bar{x} - \bar{m} \qquad (5-2)$$

设距离市中心为 z 的职工密度是 $n(z) = kz^{\theta}$，其中的 k 和 θ 是参数，城市规模为 $N = \int_0^{\hat{z}} kz^{\theta} dz = \hat{z}^{(1+\theta)} k/(1+\theta)$，进而可解出城市规模为 N 的城区半径 $\hat{z} = [N(1+\theta)/k]^{1/(1+\theta)}$。令交通成本 $c(z) = cz^{\lambda}$，参数 c 和 λ 表示交通技术

（如 $\lambda = 1$ 表示交通成本是距离的线性函数）。将城市半径 $\hat{z}$ 代入交通成本函数，可得：

$$c(\hat{z}) = c\left[N(1+\theta)/k\right]^{\lambda/(1+\theta)} \tag{5-3}$$

式（5-2）和式（5-3）是 $\hat{z}$ 和 N 的联立方程。把式（5-3）代入式（5-2），标准化 $k = 1 + \theta$，消去 $\hat{z}$ 后整理可得：

$$x(N) - m(N) - (\overline{x} - \overline{m}) = cN^{\gamma-1}, \text{ 其中 } \gamma = \frac{\lambda}{1+\theta} + 1 \tag{5-4}$$

若不计匹配成本，则简化的空间均衡为 $x(N) - \overline{x} = cN^{\gamma-1}$，这表明均衡时集聚经济恰好被交通成本所抵消。改善交通条件(即交通成本 c 下降)将导致城市均衡规模 N 扩大，因此城市规模是交通条件的增函数 $N(c)$，$(dN/dc) < 0$。

下面考察存在匹配成本时的城市均衡规模和劳动生产率。由于 $x(N) = x(N(c))$ 和 $m(N) = m(N(c))$，利用式(5-4)对 c 求导，整理后可得：

$$\left[(x' - m') - (\gamma-1)cN^{\gamma-2}\right]\frac{dN}{dc} = N^{\gamma-1} \tag{5-5}$$

城市中的企业产出是企业雇佣劳动力的净收益（净产出）的总和。借鉴 Helsley 和 Strange（1990）的技能空间单位圆周的表达形式（见图 5-1），用单位圆周上均匀分布的位置表示每个厂商岗位的不同技能要求和每个劳动者的特有技能。图 5-1A 假设劳动市场中有 A 和 B 两个技术要求不同的厂商和 4 个具有不同技能的职工，其中工人 1 和工人 2 为厂商 A 所雇佣，工人 3 和工人 4 为厂商 B 所雇佣，平均每人的技能匹配差距为 1/8。图 5-1B 假设有三个企业和 6 名工人，技能匹配差距下降为 1/12。不失一般性地，劳动者技能与岗位需求技能间差距用单位圆周上两者之间的距离 μ 表示，增加的匹配成本则可表示为 $\mu m(N)$。

设有 n 个企业进入市场，则每个企业在技能空间圆周上占互不重复的 $1/n$。在对称均衡条件下，各企业的基本工资（x）相同。假设每个企业都将为争夺技术工人而展开竞争，则其有效竞争对手主要是岗位技能要求差异仅为 $1/n$ 的左右两侧竞争者。工人的净收入等于工资减去匹配成本。工人都力图获得最高净收入。当与企业 h 的差距为 μ 的工人获得的工资 $x(h)$ 等于从 h 的竞争对手获得的工资 x 时，可得：

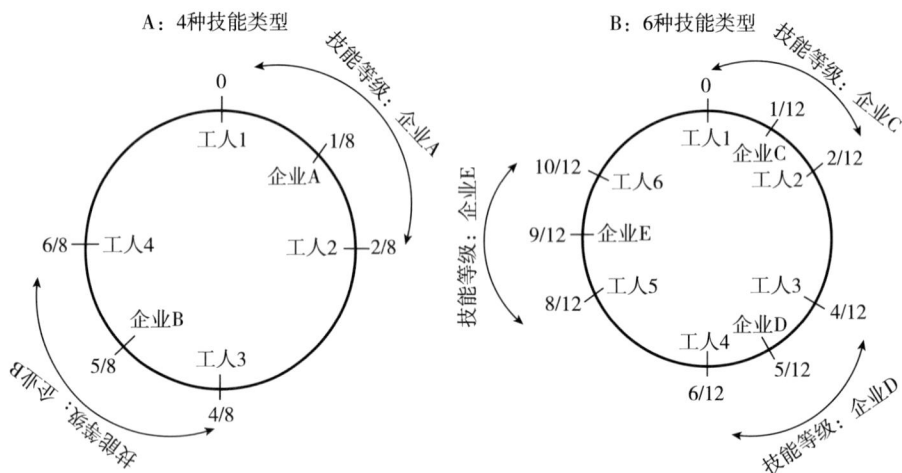

图 5 - 1　劳动技能匹配

资料来源：根据 Arthur O'Sullivan《Urban Economics》绘制。

$$x(h) - \mu m(N) = x - \left(\frac{1}{n} - \mu\right) m(N) \qquad (5-6)$$

其中，$(1/n - \mu) m(N)$ 是 h 的竞争者雇用该工人所增加的匹配成本。对式（5-6）变换整理，可得：

$$\mu = \frac{1}{2n} + \frac{1}{2m(N)}\left[x(h) - x \right] \qquad (5-7)$$

企业 h 将会雇佣与其技能要求差别不大于 μ（$\mu \leqslant 1/2n$）的工人，根据式（5-7）可得雇佣数为：

$$l(h) = 2\bar{N}\mu = \frac{\bar{N}}{n} + [x(h) - x]\frac{\bar{N}}{m(N)} \tag{5-8}$$

式（5-8）表明，企业 h 相对工资 $[x(h) - x]$ 越高，劳动力市场 $\bar{N}$ 越大，匹配成本 $m(N)$ 越低，能够从竞争者那里吸引的工人就越多。均衡条件下，$x(h) = x$，企业雇佣数量 $l(h) = \bar{N}/n$。标准化 $k = 1 + \theta$，把城市职工通勤成本加总，整理后得 $N^{\gamma}c/\gamma$。[①] 根据式（5-4）和城市内外职工分布，N 和 $\bar{N} - N$，可得企业总收益：

$$Y = \frac{1}{n}\left[Nx(N) - Nm(N) - N^{\gamma}c/\gamma + (\bar{N} - N)(\bar{x} - \bar{m}) \right] \tag{5-9}$$

值得注意的是，$\bar{N}$、$\bar{x}$、$\bar{m}$ 是参数，交通成本 c 是外生变量，城市职工、劳动生产率和匹配成本都是复合变量，各变量与总收益的一般函数关系可以表示为 $Y = F(x(N(c)), m(N(c)), N(c), c)$。

利用式（5-9）对 c 求导可得交通条件改善对产出的影响的表达式，即：

$$\frac{dY}{dc} = \frac{1}{n}\left[N(x' - m') + (x(N) - m(N) - (\bar{x} - \bar{m})) - cN^{\gamma-1} \right]\frac{dN}{dc} - \frac{N^{\gamma}}{n\gamma}$$

$$\tag{5-10}$$

式（5-9）综合了交通条件通过几个途径影响劳动生产率的机制。第一，该式最后一项 $N^{\gamma}/n\gamma$〔即 $d(N^{\gamma}c/n\gamma)/dc$〕表示不计其他间接途径，改善交通可直接节省市内所有职工的通勤成本。虽然这是符合理论和常识的预期，但是，该预期仍需要经过统计检验。

第二，交通条件的改善使城市规模扩大〔(dN/dc) 因 $dc < 0$ 而上升〕，且 $N(x') > 0$，因此 $N(x')(dN/dc) > 0$。城市经济学的一个基本预期和以往大量经验研究都发现，城市规模与人均产出率呈倒 U 形关系，在达到最优规模之

---

① $\int_0^{\hat{z}} kz^{\theta}cz^{\lambda} dz = \dfrac{c k \hat{z}^{(1+\theta+\lambda)}}{1+\theta+\lambda} = \dfrac{ck}{1+\theta+\lambda}\left[\dfrac{N(1+\theta)}{k}\right]^{(1+\theta+\lambda)/(1+\theta)} = N^{\gamma}c/\gamma$

前，城市规模越大，劳动生产率越高。超过最优城市规模，城市规模的进一步扩大会造成拥堵、固定要素成本上升等集聚非经济，从而降低劳动生产率。因此，交通基础设施对企业生产率的作用程度取决于城市规模是否超过了门槛值。我们预期交通条件的改善通过影响城市规模和集聚经济提高了生产率。交通基础设施对不同规模城市企业的影响存在差异，其中，交通基础设施的发展更有利于提高尚未达到最优城市规模的大城市的企业生产率。本书将对这些预期进行严格的实证检验。

第三，因为 $m' < 0$，所以交通的改善使 $N(-m')(\mathrm{d}N/\mathrm{d}c) > 0$。交通设施的匹配收益是城市规模和边际匹配成本共同作用的结果。现实中，城市规模 N 与匹配成本 m 呈负相关，因为大城市中的工人和企业有更多的选择，两者间能更好地匹配，从而降低大城市所必需的培训成本。所以，城市规模越大的地区，交通基础设施改善匹配效益的潜力就越小，相反，城市规模越小，匹配成本越大，交通基础设施的匹配收益越高。据此，我们预期在劳动力自由流动的条件下，改善交通条件通过降低匹配成本提高生产率，但是交通条件的影响因城市规模而异。其中，中小城市规模较小，劳动技能与工作岗位匹配成本较高，交通条件改善更有助于通过降低劳动技能与工作岗位的边际匹配成本 m' 来提高匹配收益，而大城市劳动技能与工作岗位的匹配效率较高，交通条件改善的匹配收益相对较小。本书后续部分也将对这些预期进行一系列计量检验。

根据方程式（5-4），均衡状态下的城市劳动生产率优势和城市交通成本抵消，所以式（5-10）中的其他各项 $x(N) - m(N) - (\bar{x} - \bar{m}) - cN^{\gamma-1}$ 等于零。城市交通条件的变化通过城市规模、职工个体生产率、技能匹配等途径影响企业生产率的机制可用图5-2表示，图中的横轴和纵轴分别衡量城市规模和城市内外生产率的差别。纵轴原点表示城市外的平均净生产率，即平均生产率减去匹配成本 $\bar{x} - \bar{m}$。设初始交通成本为起自原点的直线 $c_0N^{\gamma-1}$，c_0 是斜率，交通

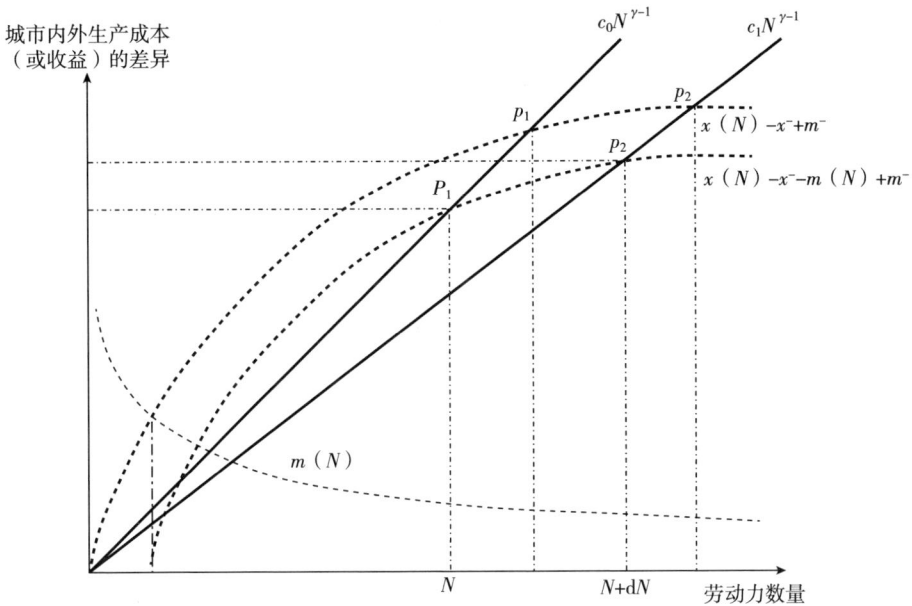

图 5 - 2 交通条件、城市规模和劳动技能匹配对生产率的影响

成本随城市规模而增长。交通条件改善后，斜率下降为 c_1，交通成本线自原点向右旋转为 $c_1 N^{\gamma-1}$。曲线 $x(N) - \bar{x} + \bar{m}$ 是不计城市内匹配成本时城市内外生产率差异。集聚经济效益产生的生产率和收入差异吸引着城外职工迁入城市，该曲线先随城市规模增长迅速上升，随后出现集聚不经济，上升势头减缓，最后与交通成本曲线相交，达到城市规模和生产率的空间点，即图中该曲线与两交通成本线 $c_0 N^{\gamma-1}$ 和 $c_1 N^{\gamma-1}$ 相交的两点（小写字母 p_1 和 p_2）。根据 Helsley 和 Strange（1990）劳动技能匹配模型，城市劳动力规模 N 的扩大降低匹配成本 $m(N)$，即 $m' < 0$，提高生产率。引入匹配成本 $m(N) > 0$ 后，城市内外效率的差别是 $x(N) - m(N) - \bar{x} + \bar{m}$。该曲线与两交通成本的交点（大写字母 P_1 和 P_2）是达到空间均衡的城市规模（N 和 $N + \mathrm{d}N$）和生产率，在此状态下，企业和职工都不再有迁移的经济激励。若交通成本不变（沿 $c_0 N^{\gamma-1}$），匹配成本

$m(N)$ 使城市均衡规模 N 和生产率 y 坐标交点由小写字母 p_1 点下降为大写的 P_1。由此得到理论预期，生产率是匹配成本 $m(N)$ 的减函数。

（二）计量模型设定

根据以上分析，可知集聚经济和交通条件的改善均有助于劳动生产率的增长，城市规模、交通条件和技能匹配直接影响劳动生产率，但技能错配会降低生产率。更为重要的是，劳动力在找工作时，城市规模和交通条件的改善会提高匹配程度。而且，给定城市规模和交通条件，企业可以通过培训投入改善现有的技能匹配水平。因此，交通条件、城市规模和企业培训对企业生产率的直接影响和协同影响是本书考察的重点。同时需要说明，搜寻和培训是前后两个阶段的行为，其目的都是实现技能匹配，但是两者作用可以替代（已达到技能匹配时）也可以叠加（尚未达到匹配时）。理论模型的构建过程力求刻画技能匹配机制，避免遗漏重要的相关变量，但均衡模型的最终结果不在于区分搜寻和培训所处的阶段，而在于揭示各变量对生产率可能的贡献。计量模型检验的是均衡模型，所以城市规模、交通条件和企业培训投入变量的参数估计都是包含了上述两个阶段变化的最终结果。

为了降低估计偏误，文中还引入了其他控制变量。根据已有研究（周黎安等，2007；孙晓华和王昀，2014；钟昌标等，2015），企业生产率还与企业内部特点和外部环境的诸多因素相关，因此计量模型引入企业规模 $size$ 和年龄 age，城市财政科研支出比重 kn，城市每万人口中大学生人数 st 和企业所在行业 ind_h 以及企业所在城市 $city_i$ 等虚拟变量作为控制变量。我们根据上述理论框架设置相应的计量模型：

$$\ln Y_{ijt} = \beta_0 + \beta_1 \ln C_{it} + \beta_2 \ln N_{it} + \beta_3 \ln m_{ijt} + \beta_4 \ln m_{ijt} \ln N_{it} + \beta_5 \ln m_{ijt} \ln C_{it} + \beta_6 \ln N_{it}$$

$$\ln C_{it} + \beta_7 \ln m_{ijt} \ln C_{it} \ln N_{it} + \beta_8 (\ln N_{it})^2 + \beta_9 \ln X_t +$$

$$\sum_{h=1}^{H} \lambda_h ind_h + \sum_{i=1}^{n} \lambda_i city_i + \sum_{t=1}^{T} \lambda_t year_t + \varepsilon_{ijt} \qquad (5-11)$$

其中，各变量的下标 i 和 j 表示城市和企业，下标 t 是年份；被解释变量 Y 表示企业生产率，解释变量 C_i 是用路网密度表示的城市 i 的交通条件，N_i 是用人口表示的城市 i 的规模，m 是用企业培训投入测度的技能匹配。随后四个（组）变量是交互项。交互项参数 β_4 和 β_5 表示技能匹配水平分别与城市规模和交通条件对企业生产率的协同影响。第六项 β_6 表示交通条件和城市规模对企业生产率的协同作用。交互项参数 β_7 表示交通条件和企业培训对生产率的影响是否随着城市规模的变化而变化。已有研究发现城市生产率随非农业人口规模呈非线性变化（柯善咨和赵曜，2014）。为此，在计量方程式（5-11）的基础上引入城市规模的二次项。变量 X_t 表示控制变量，包括企业和城市的四个连续变量以及各个行业、城市和年份的虚拟变量 ind_h、$city_i$ 和 $year_t$。

接下来，本书进一步分析交通条件和企业培训对不同类型产业生产率的影响。不同技术类型产业对要素和市场有不同的需求，意味着不同类型的产业偏好不同规模的城市。① 为了检验交通条件与企业培训对不同产业生产率的影响是否存在城市规模差异，本书根据 2014 年国务院印发的《关于调整城市规模划分标准的通知》，将城市按规模分为中小城市、大城市和特大城市三类，其中：人口小于 100 万的中小城市用虚拟变量 $N^1 = 1$ 表示，人口介于 100 万到 500 万人的大城市用虚拟变量 $N^2 = 1$ 表示（该变量在回归中略去），人口大于 500 万的特大城市用虚拟变量 $N^3 = 1$ 表示，其中每个城市只属于一类，模型中其他两个虚拟变量值为 0。重新设定的计量模型如下：

$$\ln Y_{ijt} = \beta_0 + \beta_1 \ln C_{it} + \beta_2 \ln N_{it} + \beta_3 \ln m_{ijt} + \beta_4 \ln m_{ijt} \ln N_{it} + \beta_5 \ln m_{ijt} \ln C_{it} + \beta_6 \ln N_{it}$$

$$\ln C_{it} + \sum_{k=1}^{3} \left(\beta_{7k} N_t^k \ln m_{ijt} \ln C_{it} \right) + \beta_8 \left(\ln N_{it} \right)^2 + \beta_9 \ln X_t +$$

---

① 高新技术产业需要大量高技能人才和便利的交通及信息交往，因此往往集聚在大城市。技术成熟的传统产业需要成本较低的土地、原材料和一般劳动力，因而偏好在要素成本较低的二、三线城市。

$$\sum_{h=1}^{H} \lambda_h ind_h + \sum_{i=1}^{n} \lambda_i city_i + \sum_{t=1}^{T} \lambda_t year_t + \varepsilon_{ijt} \qquad (5-12)$$

式（5-12）中，变量 N^k 是城市规模类型的虚拟变量，$k=1$，2，3；参数 β_{7k} 测度交通条件和匹配水平对第 k 类的城市规模中企业生产率的协同影响。

四、变量和数据说明

本书数据来自中国工业企业数据库和《中国城市统计年鉴》。中国工业企业数据库中只有2004～2007年报告了企业劳动培训支出数据，这成为本书时间序列的约束条件。由于工业企业数据库中有些指标存在异常值，本书样本剔除了职工人数、总资产或固定资产净值和销售额缺失的观测值。同时，根据谢千里等（2008）的方法，剔除职工人数少于8人的观测值。本书还剔除了企业年龄大于100的个别可疑记录。由于工业企业数据库中各年收集的统计指标个数差别较大，本书选取在样本期间内持续存在的变量。稳健性检验还将使用被解释变量高低端各1%截尾后的样本。由于从2004年起，国家统计局不再收集工业增加值和工业总产值数据，本书参照聂辉华等（2012）的方法，根据会计准则估算工业增加值，即：工业增加值＝产品销售额－期初存货＋期末存货－工业中间投入＋增值税。劳动生产率用企业增加值与企业职工数的比值表示。

下面扼要说明各解释变量及其测度。式（5-11）和式（5-12）中的技能匹配水平 m 是本书的关键变量，但是对技能匹配的任何国内外的研究都没有发现直接的统计数据。然而，现实中无论企业劳动技能匹配水平如何，职工培训都可以使职工劳动技能与企业需要更加匹配，从而提高生产效率，这也是企业培训投入的根本动力。企业培训投入未必和企业原技能匹配水平相关，既可能是技能匹配差的企业增加的培训投入，也有可能是其他因素导致企业培训投入增加。因此，用技能培训投入表示匹配水平并不能揭示培训投入的原因，但是计量检验可以发现所有企业培训投入的平均收益。本书用每个职工平均技能培训投入（变量 $Match$）表示匹配水平，该指标统计数据的最长时间序列为 2004~2007 年。$Street$ 是路网密度，用每平方千米建成区面积上的道路长度表示。城市规模 Pop 用市辖区人口表示，该变量还用于构建三类城市规模虚拟变量 N^1、N^2 和 N^3。企业规模 $Size$ 用企业职工数测度。企业年龄 Age 是从注册到本书样本年份之间的年数。高等教育 St 以大学在校生数占总人口的比重表示。科研环境 Kn 以科技支出占财政支出的比重表示。这些变量的描述性统计量如表 5-1 所示。其中，一些企业教育培训支出（$Match$）为 0，在取对数时，为了防止 0 值造成缺失记录，我们借鉴文献中的惯用方法，先平移所有数据（$Match+1$），再取对数。

表 5-1　2004~2007 年和 2012~2013 年中国制造业企业和城市的描述性统计量

变量	均值	标准差	极小值	极大值
$Prod$（企业劳动生产率，元/人）	95166	104177	2301	697923
TFP（全要素生产率对数值）	3.2842	1.0277	-3.5339	4.6493
$Street$（路网密度，km/km^2）	8.04	3.62	1.07	22.40
$Match$（培训投入，千元/人）	0.132	0.62	0	61.910
Pop（城市规模，万人）	270.37	315.96	14.08	1526.02
$Size$（企业规模，人）	243.48	936.10	8	108525
Age（企业年龄，年）	8.64	8.79	1	99
St（每万人大学生数，人/万人）	471	333.96	1	2284
Kn（科技支出占财政支出比重）	0.0149	0.0452	1.32e-06	0.3284

五、实证检验与结果分析

（一）交通基础设施和培训投入对中国企业生产率影响的计量检验

除了虚拟变量，书中变量均采用对数形式。所有模型的 Hausman 检验都拒绝了随机效应原假设，表明未控制的企业特征与某些解释变量相关，必须控制这些企业固定效应（FE）才能得到一致性参数估计。此外，一些地区推行的特定产业政策影响相关产业的企业生产率[①]，所以回归模型引入了省份与产业固定效应的交互项（29 × 29 个虚拟变量，其中部分变量因共线性而被自动删除）以控制地区层面的特定产业政策差异。为了检验交通条件、城市规模和技能匹配对企业生产率的影响，我们逐步引入城市路网密度、城市规模和技能匹配（用企业培训投入测度）的交互项，检验三个不同的固定效应模型。对于中国诸多城市的大量企业来说，城市规模和培训投入两变量对企业生产率有独立的作用。同时，城市规模和培训投入这两个变量的变化相互作用，很可能影响各自对企业生产率的作用。如果城市人口增长显著增强了企业培训投入对生产率的作用（即交互项的计量结果是显著的正参数），则根据经济学一般逻辑可知，城市人口规模是企业培训投入的互补因素。相反，如果城市人口增长削弱了企业培训投入对生产率的作用（交互项有显著的负参数），则根据经

---

① 例如，2016 年 12 月，《国务院关于印发"十三五"国家战略性新兴产业发展规划的通知》指出山东半岛城市群重点发展生物医药、高端装备制造、新一代信息技术、新材料等产业，东北地区大力发展机器人及智能装备、光电子、生物医药及医疗器械等产业。

济学一般逻辑可知，城市人口规模和企业培训投入就很可能是替代因素。我们进而推测其机制，合乎逻辑和常理的解释是，具有城市人口规模优势的企业不需要大量内部培训即可获得较好的技能匹配，而城市人口规模越小的企业越需要靠内部培训才可获得所需的技能匹配。我们根据同样逻辑解释交通条件和技能培训交互项的实证结果。同时，为了控制城市规模可能带来的内生性问题，所有回归方程中使用城市规模滞后一期的数据。表 5-2 报告了方程式（5-11）的 FE 模型估计结果。

表 5-2　交通条件和企业培训对中国企业生产率影响的固定效应回归估计

变量	模型 1 参数估计（标准误差）	模型 2 参数估计（标准误差）	模型 3 参数估计（标准误差）	模型 4 参数估计（标准误差）
$\ln Street$	0.0776 *** (0.0083)	0.0647 *** (0.0088)	− 0.2812 *** (0.0315)	− 0.2422 *** (0.0326)
$\ln Match$	0.0029 *** (0.0005)	0.0207 *** (0.0032)	0.0294 *** (0.0032)	0.0374 *** (0.0037)
$\ln Street \times \ln Match$		− 0.0041 *** (0.0008)	− 0.0074 *** (0.0008)	− 0.0096 *** (0.0010)
$\ln Pop \times \ln Match$		− 0.0014 *** (0.0005)	− 0.0014 *** (0.0005)	− 0.0040 *** (0.0008)
$\ln Street \times \ln Pop$			0.0653 *** (0.0059)	0.0629 *** (0.0060)
$\ln Pop \times \ln Street \times \ln Match$				0.0010 *** (0.0002)
$\ln Pop$	1.6870 *** (0.0811)	1.5544 *** (0.1246)	1.5185 *** (0.0818)	1.5041 *** (0.0819)
$(\ln Pop)^2$	− 0.1493 *** (0.0074)	− 0.1446 *** (0.0109)	− 0.1333 *** (0.0075)	− 0.1319 *** (0.0075)
$\ln Size$	0.2356 *** (0.0036)	0.1850 *** (0.0036)	0.2310 *** (0.0036)	0.2307 *** (0.0036)

变量	模型 1	模型 2	模型 3	模型 4
	参数估计	参数估计	参数估计	参数估计
	（标准误差）	（标准误差）	（标准误差）	（标准误差）
$\ln Age$	0. 1962 ***	0. 0497 ***	0. 1841 ***	0. 1832 ***
	(0. 0045)	(0. 0051)	(0. 0045)	(0. 0045)
$\ln St$	0. 1991 ***	0. 0080	0. 2253 ***	0. 2246 ***
	(0. 0061)	(0. 0078)	(0. 0065)	(0. 0065)
$\ln Kn$	0. 0482 ***	0. 0449 ***	0. 0480 ***	0. 0483 ***
	(0. 0015)	(0. 0031)	(0. 0015)	(0. 0015)
Constant	− 4. 2243 ***	− 2. 3870 ***	− 3. 8506 ***	− 3. 8592 ***
	(0. 2242)	(0. 3535)	(0. 2254)	(0. 2254)
地区产业差异	控制	控制	控制	控制
Observations	319925	319925	319925	319925
R – squared	0. 1154	0. 1155	0. 1158	0. 1159

注：*** 、** 和 * 分别表示弃真概率 $p < 0.01$、$p < 0.05$ 和 $p < 0.1$。

我们设置和检验四个回归方程。模型 1 检验劳动培训效应，不含交通和培训投入的交互项。模型 2 加入培训投入（$\ln Match$）分别与交通条件（$\ln Street$）和城市规模（$\ln Pop$）的交互项。根据理论分析，这两个交互项均有助于提高技能匹配。模型 3 加入交通条件与城市规模的交互项，检验交通条件与城市规模对企业生产率的协同作用。为了检验交通条件与培训投入对企业生产率的影响是否因城市规模而异，模型 4 引入城市规模与交通条件和培训投入的交互项（$\ln Pop \times \ln Street \times \ln Match$）。

我们先扼要分析控制变量。所有模型中企业规模（$\ln Size$）的系数显著为正，表明企业规模越大，企业生产率越高。企业年龄（$\ln Age$）的显著性说明随着企业经营时间的增加和经验的积累，企业生产率可能从"干中学"中获得增长。与预期一致，每万人中大学生数（$\ln St$）促进了企业生产率的提高，因为提升人力资本可创造有利的商业环境。科研环境（$\ln Kn$）在各模型中的正参数表明在科技实力雄厚的地区，企业可利用公共投资以及技术溢出提高生产率。

以下考察交通条件和培训投入对企业生产率的影响。模型 1 和模型 2 中交通条件（lnStreet）对企业生产率的影响均显著为正。培训投入（lnMatch）在各模型中的参数估计也显著为正，表明愿意为了提高职工技能配置效率而投入培训的企业能获得更高的效率。模型 2 是引入交通条件、城市人口规模和培训投入交互项后的估计结果。交通条件与培训投入的交互项（lnStreet × lnMatch）系数显著为负，似有违常理。但结合 lnMatch 的含义，这一估计结果与理论和常识相符。一方面，交通条件的改善提高了经济活动频率，减小了劳动者技能与岗位不匹配造成的损失，故而降低了技能培训的潜在收益。另一方面，技能培训缩小了劳动技能与工作岗位所需技能的差距，从而降低了交通基础设施改善匹配的收益。这说明交通条件和技能培训两者对企业生产率的作用具有替代性。城市规模和培训投入交互项（lnPop × lnMatch）的负参数估计表明城市规模和培训投入之间也存在替代关系，因为劳动力规模（lnPop）的扩大提高了职工与岗位间的技能匹配效率，从而降低了技能培训的潜在收益。模型 3 引入交通条件与城市规模的交互项。结果显示，交通条件的参数估计显著为负，交通条件和城市规模交互项（lnStreet × lnPop）的参数估计是 0.0653，且通过显著性检验。在均值处（lnPop = 5.60，lnMatch = 0.0925），交通条件对企业生产率的作用弹性约为 0.0837。由于城市规模的一次项和二次项系数一正一负，结果还表明交通条件改善有助于扩大城市最优规模。[①]

模型 4 检验交通条件与培训投入对企业生产率的协同作用是否因城市规模

---

① 令含城市人口规模的各项 lnPop、lnPop × lnMatch、lnStreet × lnPop、lnPop × lnStreet × lnMatch 和 lnPop 二次项系数分别为 a_1、a_2、a_3、a_4 和 b，则城市最佳规模的一阶条件为（$a_1 + a_2$ lnMatch + a_3 lnStreet + a_4 lnMatch × lnStreet）/（$-2b$）。由于回归结果中，a_3 和 a_4 的参数估计均显著为正、b 显著为负，故 lnStreet 值越大，城市最优规模也越大。

不同而异。由于 ln*Street* × ln*Match* 的参数显著为负，而交互项 ln*Pop* × ln*Street* × ln*Match* 的系数显著为正，因而随着 ln*Pop* 的增加，ln*Street* × ln*Match* 会逐渐变小。该结果意味着城市交通与技能培训间的替代效应因城市规模大小而异，城市劳动力市场规模越大，技能匹配越好，城市交通与技能培训替代效应也越小。

（二）交通条件和技能匹配对不同技术行业和不同规模城市企业生产率的影响

不同产业具有各自的技术特点。本部分根据《高技术产业统计分类目录》和 OECD 产业分类标准划分高、中、低技术三类产业（见附录）。高技术产业技术含量高、技术更新快、产品附加值高，需要专业知识型劳动者，同时必须支付较高的薪酬；相反，低技术产业倾向于采用成熟和稳定的技术，雇工进行更多的常规生产，职工的薪酬也相对较低；中等技术产业的技术则介于高、低技术产业之间。各类产业因技术特征和对要素投入的要求不同而有不同的区位偏好。大城市具有较大的专业劳动力市场和产品市场、较完整的上下游相关产业和较迅速的技术信息传播，因而成为高技术产业的首选之地，而中小城市则因土地和一般劳动力等要素价格较低而成为低技术产业的集聚地。交通条件的改善不仅有利于产品运输和信息传播，也有利于劳动力流动。表 5 - 3 报告了方程式（5 - 12）的分产业固定效应回归结果。

表 5 - 3　交通条件和培训投入对不同行业企业生产率影响的固定效应回归

解释变量	高技术		中技术		低技术	
	参数估计	（标准误）	参数估计	（标准误）	参数估计	（标准误）
ln*Street*	− 0.6262 ***	(0.2177)	− 0.0732	(0.0764)	− 1718 *	(0.0934)
ln*Match*	0.0298	(0.0264)	0.0507 ***	(0.0079)	0.0445 ***	(0.0095)

续表

解释变量	高技术		中技术		低技术	
	参数估计	（标准误）	参数估计	（标准误）	参数估计	（标准误）
$\ln Street \times \ln Match$	−0.0054	（0.0035）	−0.0092 ***	（0.0011）	−0.0059 ***	（0.0013）
$\ln Pop \times \ln Match$	−0.0145 ***	（0.0047）	−0.0049 ***	（0.0015）	−0.0049 ***	（0.0018）
$\ln Street \times \ln Pop$	0.1154 ***	（0.0399）	0.0213	（0.0145）	0.0494 ***	（0.0181）
$N^1 \times \ln Street \times \ln Match$	−0.0079 **	（0.0033）	−0.0027 ***	（0.0009）	0.0013	（0.0010）
$N^3 \times \ln Street \times \ln Match$	0.0079 **	（0.0035）	0.0036 ***	（0.0011）	0.0016	（0.0014）
$\ln Pop$	2.6191 ***	（0.5507）	1.9522 ***	（0.1782）	2.3910 ***	（0.1975）
$(\ln Pop)^2$	−0.2309 ***	（0.0474）	−0.1581 ***	（0.0154）	−0.2057 ***	（0.0173）
$\ln Size$	0.2272 ***	（0.0157）	0.2535 ***	（0.0049）	0.1988 ***	（0.0057）
$\ln Age$	0.1257 ***	（0.0187）	0.1576 ***	（0.0062）	0.2294 ***	（0.0074）
$\ln St$	0.2243 ***	（0.0278）	0.2364 ***	（0.0091）	0.2122 ***	（0.0104）
$\ln Kn$	0.0304 ***	（0.0056）	0.0520 ***	（0.0020）	0.0446 ***	（0.0024）
Constant	−6.8244 ***	（1.5889）	−5.5849 ***	（0.5126）	−6.1113 ***	（0.5609）
地区产业差异	控制		控制		控制	
Observations	22825		174415		122685	
R − squared	0.1205		0.1032		0.1010	
MEM1	0.0031		0.0378		0.0812	
MEM2	0.0042		0.0381		0.0811	
MEM3	0.0052		0.0385		0.0812	

注：***、**和*分别表示弃真概率 $p < 0.01$、$p < 0.05$ 和 $p < 0.1$。

为了测度交通条件和培训投入的协同作用在特大、大、中小三个规模等级城市组间的差异化影响，三类产业方程都引入了城市规模虚拟变量（N^1 和 N^3）与 $\ln Street \times \ln Match$ 交互项。所有方程的估计结果都显示，高、中、低技术产业的控制变量（$\ln Size$、$\ln Age$、$\ln St$、$\ln Kn$）与表 5 - 2 中总体样本模型的控制变量参数估计本质上非常相似。下面着重分析三类产业模型的交通条件、培训投入和城市规模及其交互项的计量估计结果。

三类技术产业的三个培训投入参数估计表明企业培训对中低技术产业生产

率有促进作用，而对高技术产业生产率影响不显著。估计结果意味着中低技术产业的职工经过企业培训较易掌握本企业所需的技能，而高技术产业技术密集度和复杂程度较高，企业技能培训未必能产生立竿见影的效果。交通条件、城市规模和培训投入交互项的参数估计与表 5 - 2 基本一致。城市规模虚拟变量（N^1 和 N^3）和 $\ln Street \times \ln Match$ 的交互项一负一正，且在中、高技术产业通过显著性检验，表明交通条件对中小城市中、高技术产业技能培训的替代作用明显高于大城市。在低技术产业未通过显著性检验，表明交通条件和技能培训对低技术产业生产率的影响并不存在城市规模差异。

表 5 - 3 中的 $MEM1$、$MEM2$ 和 $MEM3$ 分别给出了培训投入均值处（$\ln Match = \overline{\ln Match}$）交通条件对中小城市、大城市和特大城市企业生产率的影响。以高技术行业为例，该行业劳动培训投入均值为 0.1299，所以交通基础设施对中小城市高技术产业生产率的影响为 $MEM1 = -0.6262 - 0.0054 \times 0.1299 + 0.1154 \times 5.4686 - 0.0079 \times 0.1299 = 0.0031$。① 同理，我们可以计算 $MEM2$ 和 $MEM3$。比较高、中、低三个产业模型中的 $MEM1$、$MEM2$ 和 $MEM3$ 值，我们发现改善交通条件对三类技术行业企业生产率都有促进作用，但在中技术行业未通过显著性检验。其中，低技术行业受益更明显，因为与高技术职工相比，中低技术行业职工收入较低，所以其通勤距离受交通成本的影响更大。高技术模型中 $MEM1$ 和 $MEM3$ 的值表明，在特大城市地区改善交通条件更加有利于高技术产业改善技能匹配、提高生产率。据此可以判断，高技术产业从中小城市向特大城市集聚可以利用更便利的交通和更大的劳动市场获得更大的效益。需要指出的是，交通条件和培训投入对中小城市中低技术产业生产率与大城市和特大城市并无显著差别。日常观察和城市经济学原理都指出特大

① 高技术行业中交通条件和技能培训交互项（$\ln Street \times \ln Match$）的 $t = 1.55$（即 $P = 0.121$，否定零假设的概率为 87.9%），所以参数估计有一定意义。

城市除了集聚经济外，也伴生有集聚非经济，尤其是持续上涨的土地和人力要素成本、生活成本以及拥堵效应等都不利于传统的技术成熟的劳动密集型产业经营和发展。因而，低技术产业应当从特大城市转移到土地和劳动要素价格较低的其他城市。一些研究（Duranton and Puga，2005；赵勇和白永秀，2012）已经发现，交通通信的发展导致了企业总部和生产部门的分离，使得中心城市主要承担管理和研发的功能，而外围城市则承担加工和制造的功能。本书从产业技术特征切入，发现了类似的统计规律。

（三）稳健性检验

为了检验上述结论的稳健性，我们用厂商全要素生产率 TFP 替换劳动生产率重估上述模型。虽然劳动生产率的差别是 TFP 差别的重要决定因素，但是其他要素（例如资本）效益差别也影响着 TFP，所以我们主要关注两组方程参数估计值的正负和显著性，而非每个估计值的大小。TFP 可以用不同的方法测度。鲁晓东和连玉君（2012）分析和比较了 TFP 的最小二乘估计、固定效应估计、OP 估计和 LP 估计，发现最小二乘法和固定效应估计法都不能解决同时性偏差问题，而 OP 估计无法处理投资额为 0 的样本。因而，本书使用 LP 法估计企业全要素生产率。实证结果可能受一些极端值的影响，为检验上述方程的稳健性，我们还使用被解释变量 lntfp 高低端各 1% 截尾样本重估方程。表5-4 报告了交通条件和企业培训对全国所有制造业和三类技术产业企业生产率影响的估计结果。

与前一部分回归结果相比，所有控制变量参数估计比较稳定。由表5-4 可知，企业培训对全国企业 TFP 有显著的正向作用（lnMatch > 0）；交通条件和城市规模对企业培训具有替代作用（lnStreet × lnMatch < 0，lnPop × lnMatch < 0）；城市劳动力市场规模的扩大，提高劳动技能匹配水平，降低城市交通对技能培

训的替代效应（$\ln Pop \times \ln Street \times \ln Match > 0$；$N^1 \times \ln Street \times \ln Match < 0$；$N^3 \times \ln Street \times \ln Match > 0$）。

表 5 - 4　以 TFP 为被解释变量的固定效应回归

变量	全国样本 参数估计 （标准误差）	高技术行业 参数估计 （标准误差）	中技术行业 参数估计 （标准误差）	低技术行业 参数估计 （标准误差）
$\ln Street$	− 0. 1999 *** （0. 0524）	− 0. 6708 *** （0. 2090）	− 0. 1833 ** （0. 0724）	− 0. 2437 *** （0. 0883）
$\ln Match$	0. 0306 *** （0. 0035）	0. 0204 （0. 0253）	0. 0402 *** （0. 0075）	0. 0338 *** （0. 0090）
$\ln Street \times \ln Match$	− 0. 0095 *** （0. 0009）	− 0. 0054 （0. 0033）	− 0. 0090 *** （0. 0011）	− 0. 0058 *** （0. 0013）
$\ln Pop \times \ln Match$	− 0. 0033 *** （0. 0007）	− 0. 0102 ** （0. 0045）	− 0. 0029 ** （0. 0014）	− 0. 0029 * （0. 0017）
$\ln Street \times \ln Pop$	0. 0505 *** （0. 0100）	0. 1267 *** （0. 0383）	0. 0408 *** （0. 0137）	0. 0594 *** （0. 0171）
$\ln Pop \times \ln Street \times \ln Match$	0. 0009 *** （0. 0002）			
$N^1 \times \ln Street \times \ln Match$		− 0. 0036 （0. 0034）	− 0. 0022 ** （0. 0009）	0. 0004 （0. 0010）
$N^3 \times \ln Street \times \ln Match$		0. 0063 ** （0. 0031）	0. 0026 ** （0. 0011）	0. 0010 （0. 0014）
$\ln Pop$	2. 2784 *** （0. 1200）	2. 1709 *** （0. 5276）	2. 0482 *** （0. 1688）	2. 5843 *** （0. 1867）
$(\ln Pop)^2$	− 0. 1923 *** （0. 0104）	− 0. 1922 *** （0. 0454）	− 0. 1679 *** （0. 0146）	− 0. 2233 *** （0. 0164）
$\ln Size$	0. 3133 *** （0. 0034）	0. 3623 *** （0. 0150）	0. 3377 *** （0. 0046）	0. 2723 *** （0. 0053）
$\ln Age$	0. 2078 *** （0. 0043）	0. 1715 *** （0. 0179）	0. 1818 *** （0. 0059）	0. 2547 *** （0. 0070）

变量	全国样本	高技术行业	中技术行业	低技术行业
	参数估计	参数估计	参数估计	参数估计
	（标准误差）	（标准误差）	（标准误差）	（标准误差）
$\ln St$	0.2417***	0.2416***	0.2574***	0.2178***
	（0.0063）	（0.0266）	（0.0086）	（0.0098）
$\ln Kn$	0.0397***	0.0240***	0.0451***	0.0337***
	（0.0014）	（0.0054）	（0.0019）	（0.0023）
Constant	−4.5072***	−4.4005***	−4.2274***	−4.7296***
	（0.3443）	（1.5226）	（0.4858）	（0.5303）
地区产业差异	控制	控制	控制	控制
Observations	313526	22368	170927	120231
R − squared	0.1541	0.1128	0.1624	0.1493

注：***、**和*分别表示弃真概率 $p < 0.01$、$p < 0.05$ 和 $p < 0.1$。

（四）内生性检验

企业培训支出有利于提高生产率，而企业培训支出也可能取决于生产率水平，企业培训可能具有内生性。现实中，生产率高的企业有更多财力进行企业职工培训，而生产率低的企业在提高职工技能上有更强烈的紧迫感，因此两类企业在技能培训方面的内生性有正负抵消的趋势。无论内生性是正或是负，企业今年的生产率都很难影响上年的培训支出，使用滞后一期的技能培训能进一步削弱内生影响。表5-5报告了估计结果，其中滞后一期变量加前缀"L."标识。

在总样本模型中，企业培训的一次项为正，与交通条件和城市规模交互项的参数估计显著为负，分别为 −0.2596 和 −0.1119。分行业估计结果与总体模型相似，仅显著性有所降低。总体而言，使用企业培训滞后一期的估计结果与基准回归结果性质一致。

表5-5　交通条件和滞后培训投入对中国企业生产率影响的固定效应回归估计

变量	全国样本 参数估计 （标准误差）	高技术行业 参数估计 （标准误差）	中技术行业 参数估计 （标准误差）	低技术行业 参数估计 （标准误差）
$\ln Street$	-0.1835***	-0.1381	-0.2287***	-0.1162**
	(0.0347)	(0.1321)	(0.0471)	(0.0582)
L. $\ln Match$	0.6002***	1.0832	0.4133	0.8070**
	(0.2144)	(0.7378)	(0.2825)	(0.4012)
$\ln Street \times$ L. $\ln Match$	-0.2596**	-0.4622	-0.2072	-0.3663*
	(0.1039)	(0.3555)	(0.1349)	(0.1980)
$\ln Pop \times$ L. $\ln Match$	-0.1119***	-0.2067*	-0.0551	-0.1871**
	(0.0396)	(0.1253)	(0.0521)	(0.0771)
$\ln Street \times \ln Pop$	0.0441***	0.0273	0.0546***	0.0305***
	(0.0066)	(0.0242)	(0.0089)	(0.0113)
$\ln Pop \times \ln Street \times$ L. $\ln Match$	0.0046**			
	(0.0019)			
$N^1 \times \ln Street \times$ L. $\ln Match$		-0.0103	-0.0080***	-0.0013
		(0.0117)	(0.0028)	(0.0075)
$N^3 \times \ln Street \times$ L. $\ln Match$		0.0098**	0.0060**	0.0020
		(0.0046)	(0.0024)	(0.0030)
$\ln Pop$	1.3976***	1.4406***	1.3378**	1.4099***
	(0.1223)	(0.1759)	(0.5559)	(0.1829)
$(\ln Pop)^2$	-0.1141***	-0.1149***	-0.1177**	-0.1164***
	(0.0107)	(0.0153)	(0.0480)	(0.0162)
$\ln Size$	0.1795***	0.2044***	0.1999***	0.1489***
	(0.0042)	(0.0179)	(0.0058)	(0.0066)
$\ln Age$	0.2179***	0.1928***	0.1936***	0.2577***
	(0.0062)	(0.0251)	(0.0084)	(0.0099)
$\ln St$	0.0891***	0.1161***	0.0869***	0.0810***
	(0.0079)	(0.0346)	(0.0110)	(0.0121)
$\ln Kn$	0.0560***	0.0348***	0.0622***	0.0507***
	(0.0014)	(0.0053)	(0.0019)	(0.0023)

续表

变量	全国样本	高技术行业	中技术行业	低技术行业
	参数估计	参数估计	参数估计	参数估计
	(标准误差)	(标准误差)	(标准误差)	(标准误差)
Constant	−2.4333 ***	−2.5267	−2.7544 ***	−2.1705 ***
	(0.3413)	(1.5654)	(0.4932)	(0.5054)
地区产业差异	控制	控制	控制	控制
Observations	239423	17112	130205	92106
R−squared	0.1121	0.1084	0.1087	0.1096

注：***、**和*分别表示弃真概率 $p<0.01$、$p<0.05$ 和 $p<0.1$。

六、小结

本章拓展了 Venables（2007）的理论模型，利用中国工业企业数据库和城市数据检验交通条件、城市规模和企业培训对企业生产率的影响。检验结果显示：交通条件、城市规模和企业培训均有助于提高企业生产率；改善交通条件和扩大城市规模能弱化技能培训投入对企业生产率的影响。对高、中、低技术产业的计量检验发现：交通条件和企业培训对企业生产率的影响存在着行业差异和城市规模差异。改善交通条件有助于提高特大城市高技术产业企业生产率，吸引高技术产业向特大城市集聚，同时低技术产业企业应从特大城市向其他城市转移。

本章的研究结果为制定和评价区域发展和结构调整政策提供了若干实证依据。首先，在中国很少有企业具备正规的培训体系或对职工培训进行充分的投入。因此，各地和各行业主管部门应制定和实施优惠政策，鼓励企业增加培训支出。其次，落后地区在城市化进程中应努力改善城市公共交通基础设施，促进劳动力流动。在国家人口规模和土地资源有限的情况下，应优先发展中等规模的城市以接近最优规模，扩大城市劳动力市场，纠正劳动市场技能错配。最后，随着各地交通条件的普遍改善，高技术产业具有向特大城市集聚，低技术产业从特大城市向其他城市转移的内在趋势，这在我国各地经济结构调整中具有积极意义。各地区在产业结构调整中应根据自身产业特点和城市规模因势利导，减少阻力，积极引进（和迁出）相关产业，促使大城市成为高技术产业中心，同时引导其他城市成为生产成本较低、产出效率较高的成熟产业基地。

第六章

路网密度与城市劳动生产率

一、引言

随着我国城市人口和车辆数的快速增长，城市道路交通拥挤问题日益突出。道路拥堵不仅降低居民生活的宜居性，而且还影响城市经济效率。一般而言，交通拥堵是交通需求过大与交通供给不足之间矛盾的结果。因而，限制交通需求、增加道路供给成为各地疏解交通的普遍对策。近年来，相关研究对国内外城市路网形态和效率的比较显示，城市拥堵程度不仅取决于车辆密度，而且与路网形态有关。叶彭姚和陈小鸿（2008）认为在相同的城市道路面积率下，不同密度路网的道路通行效率存在明显差异，路网交通效率随着路网密度的增加有先升后降的趋势。因而，如何有效地进行路网建设自然成为人们需要关注的现实问题。

长期以来，我国城市规划者在增加城市道路供给的过程中，重视尺度而忽视密度，形成了中国特色的"宽马路、大路网"模式。据统计，自20世纪90年代以来，我国城市道路长度和道路面积不断攀升。除个别年份外，道路面积的增长均比道路长度增长得快。"宽马路、大路网"不仅造成市民出行需要绕路、过马路困难等问题，也是交通拥堵的症结所在。在"宽马路、大路网"的模式下，由于交通流量主要集中于少量的干道上，一旦路网中某个节点发生拥堵，将导致整条路段甚至整个路网陷入瘫痪。相反，密路网可以像毛细血管一样分流主干道的车流。2016年，中共中央、国务院发布的《关于进一步加强城市规划建设管理工作的若干意见》中指出，完善公共服务要"优化街区路网结构。树立'窄马路、密路网'的城市道路布局理念，建设快速路、主次干路和支路级配合理的道路网系统"。因此，有必要研究"窄马路、密路网"的模式对提高城市交通能力的影响，从而为我国城市道路规划和建设提供依据。

城市土地利用格局是影响交通密度的重要因素。根据不同经济活动类型的付租能力不同，距离市中心由近到远分别为商业用地、住宅用地和工业用地。一般而言，城市中心商业区人口、车辆密度高，道路规划更应考虑路网密度变化对路网容量的影响。基于以上背景，我们要研究的问题是，在相同道路面积率下，"窄马路、密路网"的模式是否能提高城市道路通行能力？在什么情况下应把道路修得窄，如何为城市合理加密？本书根据交通拥堵的外部性原理和厂商与居民行为的优化趋势，构建城市经济效率模型，利用我国地级及以上等级城市 2003 ~ 2013 年数据，检验城市车辆密度、路网密度与经济效率间的关系，并估计城市路网密度对城市经济效率和最佳车辆密度的影响。

二、文献回顾

目前，已有个别文献研究了城市内部交通拥堵对城市或产业经营成本和经济效率的影响。其中，Weisbrod 等（2001）利用芝加哥和费城数据测算了交通拥堵产生的地方经济成本，发现芝加哥与生产和服务运输有关的商业成本高达 9.8 亿美元，费城为 2.4 亿美元，如果进出 CBD 通行时间减少 25%，芝加哥和费城每年将分别节省 2.72 亿美元和 1 亿美元的通行成本。Graham（2007）使用英国九个行业的厂商及其区位数据构建了距离与成本两个变量表示道路交通拥堵，利用超越对数需求函数检验交通拥堵对各行业厂商集聚效应的影响，发现某些行业厂商的集聚收益随交通密度的增加而明显递减，道路交通拥堵造成了高度城市化地区的集聚收益递减。柯善咨和郑腾飞（2015）根据拥堵外部性和居民与厂商最优化原理构建理论模型，利用我国 266 个地级及以上城市 2003～2012 年面板数据，实证检验了交通密度对劳动生产率的影响。结果显示，我国城市的车辆密度与劳动生产率之间呈倒 U 形关系；城市道路桥梁建设有效地提高了道路通行能力和最佳车辆密度，城市路桥资本上升 10%，通行能力增长约 16%，且大城市投资收益远高于小城市投资收益。

近年来，国内学者开始关注城市路网密度与交通通行效率之间的关系。蔡军（2005）指出宽而稀的路网会导致街区尺度（交叉口间距）变大和交叉口转向车辆增加，而转向车辆越多，交叉口信号控制系统造成的延误越大，所以道路通行能力可能因转向车辆比例的增加而下降。叶彭姚和陈小鸿（2008）认为路网密度的增加会分散交叉口转向车辆数量，减少车辆在交叉口的时间延误，提高车道通行能力和路网容量。但是，路网密度和交叉口数量过多也可能造成上下游交叉口相互干扰，并增加信号灯控制延误概率，导致路网通行能力不能充分利用。其进一步通过数值模拟发现，路网通行效率随路网密度的增加呈现先上升后下降的趋势。此外，路网密度的增加有助于改善公交的运行效率和服务水平。蔡军和路晓东（2016）实证研究表明，路网加密有助于促进公共交通的发展。因而，路网密度不仅可以提高交通通行效率缓解拥堵，而且可以通过改变交通结构减轻交通拥堵。

综上所述，相关领域的学者们分别探讨了交通拥挤的负外部性及其对经济效率的影响，以及交通通行效率如何受路网密度的影响。但是，从城市经济效率视角分析车辆密度和路网密度对城市经济效率协同作用的成果尚不多见，也鲜有研究关注车辆密度与路网密度对城市不同功能区的影响。为此，本书对文献做了以下重要补充：本书根据交通拥堵的外部性原理和厂商与居民行为的优化趋势，构建路网密度影响城市劳动生产率的均衡模型，探讨车辆密度和路网密度作用于城市经济效率的协同机制，使用地级及以上城市数据检验城市路网密度对城市经济效率和最佳车辆密度的影响。

三、理论与机制

本部分首先构建一个包含路网密度和车辆密度的成本函数，然后分别分析城市厂商和居民的最优化，最后设置城市经济效率计量模型。

1. 交通成本

借鉴柯善咨和郑腾飞(2015)的思路，设 D、S、N、T 分别表示车辆密度、建成区面积、车辆数、平均每车单位距离交通成本，其中，$N = DS$，每单位距离城市交通总成本为 NT。假设初始期建成区面积 S 给定且交通量与道路设计能力相等，车辆若增加 n，交通密度将增加 $d(d = n/S)$。令交通密度的增量为初始密度的 γ 倍，即 $d = \gamma D$。每辆车的单位距离交通成本不仅与新增车辆有关，而且与道路设计(路网密度)密切相关。路网密度的增加会分散交叉口转向车辆数量，减少车辆在交叉口的时间延误，提高车道通行能力和路网容量。但是，路网密度和交叉口数量过多也可能造成上下游交叉口相互干扰，并增加信号灯控制延误概率，导致路网通行能力不能充分利用(叶彭姚和陈小鸿，2008)。因而，不妨令达到最优道路设计能力的路网密度为 R^*，而实际的路网密度为 R，则 $|R - R^*|$ 表示实际路网密度与最优路网密度的偏离度，偏离度越高，每辆车的单位距离交通成本越大。因而，考虑道路设计能力后，若增加一辆车，城市单位距离平均行车成本增加 $a(1 + |R - R^*|)$，而集聚效应(和降低的道路成本)增加 $b(1 - |R - R^*|)$；若增加 n 辆车，平均行车成本和效益分别增加 $a(1 + |R - R^*|)n$ 和 $b(1 - |R - R^*|)n$，每辆车的单位距离交通成本为 $T = T_0 + a(1 + |R - R^*|)n - b(1 - |R - R^*|)n = T_0 + [(a - b) + (a +$

$b) \mid R - R^* \mid] n$。

车辆增加后城市交通总成本$(N+n)\{T_0 + [(a-b) + (a+b) \mid R - R^* \mid] n\} =$ $(DS + dS) \times \{T_0 + [(a-b) + (a+b) \mid R - R^* \mid] ds\}$，城市单位距离交通成本的增量是：

$$(N+n)(T_0 + an - bn) - NT_0 = dST_0 + (N+n)[(a-b) + (a+b) \mid R - R^* \mid] n$$

$$(6-1)$$

若控制建成区面积S，城市交通密度变化d造成的负效益由式$(6-1)$右边两项构成。其中，dST_0是新增的n辆车的单位距离交通成本，$[(a-b) + (a+b) \mid R - R^* \mid] n$是所有车辆$(N+n)$不得不承受的、因新增的$n$辆车产生的负外部性。由于平均交通总成本$T$随新增车辆数$n$变化（即$T = T_0 + [(a-b) + (a+b) \mid R - R^* \mid] n$），而交通密度与车辆正相关，所以城市$i$的交通单位距离成本变化可用城市交通密度$D_i$的非线性交通成本函数表示，即：

$$F(D_i) = N_i T_i = D_i S_i \{T_{i0} + [(a-b) + (a+b) \mid R - R^* \mid] d_i S_i\}$$

$$= T_{i0} D_i S_i + \gamma [(a-b) + (a+b) \mid R - R^* \mid] D_i^2 S_i^2 \qquad (6-2)$$

2. 居民行为

随着经济活动集聚与城市车辆密度的增大，假设住户的效用水平将发生以下变化：一方面，效用水平因获得更多种类的商品和服务而提高；另一方面，由于拥挤效应引起通勤成本和土地价格上涨，从而导致效用水平下降。居民可以放弃一定的居住空间来换取居住在距市中心较近的区位以节省通勤成本。假设城市i的典型居民效用函数可以表示为：

$$U_i = C_{Mi}^{\mu} C_{Si}^{\eta} C_{\tau i}^{1-\mu-\eta} \qquad (6-3)$$

式$(6-3)$中，C_M、C_S和C_τ分别表示居民所需要的产品、住房面积和到市中心距离。μ和η分别表示对产品和住房消费的份额。假设住户的预算约束为：

$$y_i = p_i C_{Mi} + r(d_0) C_{Si} + F(D_i) C_{\tau i} \tag{6-4}$$

其中，y_i、p_i、$r(d_0)$ 和 $F(D_i)$ 分别是收入、商品价格、地租和交通成本。从约束条件下效用最大化的一阶条件得到：

$$C_{Mi} = \frac{\mu y_i}{p_i}, \quad C_{Si} = \frac{\eta y_i}{r_i(d_0)}, \quad C_{\tau i} = \frac{(1-\mu-\eta) y_i}{F(D_i)} \tag{6-5}$$

进而得到间接效用函数，

$$U_i^* = \mu^{\mu} \eta^{\eta} (1-\mu-\eta)^{1-\mu-\eta} p_i^{-\mu} r_i(d_0)^{-\eta} F(D_i)^{\mu+\eta-1} y_i \tag{6-6}$$

3. 厂商行为

假设城市 i 的经济由垄断竞争厂商和居民构成，代表性厂商的生产具有 C - D 函数形式：

$$Q_i = A R_i^{\phi} L_i^{\alpha} K_i^{\beta}, \quad \phi、\alpha、\beta \in (0, 1), \quad \alpha + \beta = 1 \tag{6-7}$$

其中，A 代表全要素生产率，R_i 代表城市道路设施，L_i 和 K_i 分别代表劳动力和资本。ϕ、α 和 β 分别是道路设施、劳动力和资本的参数。利润函数为：

$$\pi_i = p_i Q_i - w_i L_i - \rho_i K_i - \tau F(D_i) \tag{6-8}$$

其中，p、Q、w 和 ρ 分别是产品价格、产品数量、工资和利率，τ 和 $F(D_i)$ 分别是距离和单位距离交通成本。假设运输成本 $\tau F(D_i)$ 是外生变量，厂商选择资本和劳动达到利润最优化，根据一阶条件可得：

$$\frac{\alpha}{\beta} \frac{K_i}{L_i} = \frac{w_i}{\rho_i} \tag{6-9}$$

长期均衡利润 $\pi = 0$，同时根据上式得到工资与利率分别是：

$$w_i = \alpha A p_i R_i^{\phi} \left(\frac{K_i}{L_i}\right)^{\beta} - \frac{\alpha}{L_i} \tau_i F(D_i), \quad \rho_i = \beta A p_i R_i^{\phi} \left(\frac{K_i}{L_i}\right)^{\beta-1} - \frac{\beta}{K_i} \tau F(D_i) \tag{6-10}$$

将 Q_i 代入劳动生产率的表达式得：

$$prod_i = \frac{p_i Q_i}{L_i} = A p_i R_i^{\phi} \left(\frac{K_i}{L_i}\right)^{\beta} \tag{6-11}$$

由上述两式得到厂商均衡时的劳动生产率：

$$prod_i = \beta^{\frac{\beta}{\alpha}} A^{\frac{\beta}{\alpha}} p_i^{\frac{1}{\alpha}} R_i^{\frac{\phi}{\alpha}} \left(\rho + \frac{\beta \tau (T_{i0} D_i S_i + \gamma (a-b) D_i^2 S_i^2)}{K_i} \right)^{-\frac{\beta}{\alpha}} \qquad (6-12)$$

4. 城市劳动生产率方程设置

假设住户的收入都来自于厂商所支付的工资，厂商在商品市场是不完全竞争者，而在要素市场上是完全竞争者。厂商的要素使用原则为边际收益产品等于要素价格。因而，典型居民的收入是劳动生产率的增函数。假设收入 y_i 是生产率 $prod_i$ 的 θ 次方（其中 $0 < \theta < 1$），即：

$$y_i = (prod_i)^{\theta} \qquad (6-13)$$

将式（6-13）代入式（6-6）可得：

$$(prod_i)^{\theta} = \mu^{-\mu} \eta^{-\eta} (1-\mu-\eta)^{-(1-\mu-\eta)} p_i^{\mu} r_i (d_0)^{\eta} F(D_i)^{1-\mu-\eta} U_i^* \qquad (6-14)$$

进而，由式（6-12）和式（6-14）可以得到关于生产率的表达式，即：

$$prod_i = \varphi_0 R_i^{\frac{\phi}{\alpha(1-\theta)}} r_i (d_0)^{\frac{-\eta}{1-\theta}} p_i^{\frac{1-\alpha\mu}{\alpha(1-\theta)}} U_i^{* -\frac{1}{1-\theta}} [T_{i0} D_i S_i + \gamma (a-b) D_i^2 S_i^2]^{\frac{\mu+\eta-1}{1-\theta}}$$

$$\left[\rho_i + \frac{\beta \tau (T_{i0} D_i S_i + \gamma (a-b) D_i^2 S_i^2)}{K_i} \right]^{\frac{-\beta}{\alpha(1-\theta)}} \qquad (6-15)$$

其中，φ 是复合参数，$\varphi_0 = \left[\beta^{\frac{\beta}{\alpha}} A^{\frac{\beta}{\alpha}} \mu^{\mu} \eta^{\eta} (1-\mu-\eta)^{1-\mu-\eta} \right]^{\frac{1}{1-\theta}}$。需要说明的是，因为居民效用 U_i^* 是内生变量，所以计量检验中需要使用居民效用的工具变量。此外，方程（6-15）中的基本利率由中央银行决定，各城市的资本价格水平 ρ 可视为外生给定的常数。因此，城市劳动生产率可由道路设施、地价、交通密度、城市用地规模、资本、物价水平和居民效用的工具变量解释。取对数后与上述理论模型相应的计量方程可表示为：

$$\ln prod_{it} = \lambda_0 + \lambda_1 \ln R_{it} + \lambda_2 \ln r(d_0)_{it} + \lambda_3 \ln D_{it} + \lambda_4 \ln S_{it} + \lambda_5 \ln K_{it} + \lambda_6 p_{it} +$$

$$\lambda_7 U_{it}^* + \varepsilon_{it} \qquad (6-16)$$

改善原有道路可以提高道路通行能力。为了检验路网模式和车辆密度对城市生产率的协同影响，我们在计量模型中引入路网密度与车辆密度的交叉项。在控制道路面积的情况下，路网密度越高，意味着道路越窄，路网越密。引入路网密度后的计量模型设置如下：

$$\ln prod_{it} = \lambda_0 + \lambda_1 \ln street_{it} + \lambda_2 \ln veh_{it} + \lambda_3 \ln street_{it}\ln vehd_{it} + \lambda_4 \ln X_{it} + \varepsilon_{it}$$

$$(6-17)$$

式（6-17）中各变量的下标 i 表示城市，下标 t 是年份，被解释变量 ln-prod 表示城市劳动生产率，解释变量 $street_i$ 是用路网密度表示的城市 i 的交通条件，veh_i 表示车辆密度，X 是控制变量，包括地价、建成区面积和资本存量等。

四、变量和数据说明

本书样本包括 266 个数据比较完整的地级及以上城市。数据来源于 2004~2014 年的《中国城市统计年鉴》《中国区域统计年鉴》《中国城市建设统计年鉴》和《中国国土资源年鉴》。价格指数数据取自各省统计年鉴。劳动生产率（Prod）以非农业 GDP 与非农业就业的比值表示，其中非农业就业是单位就业与私营个体就业之和。本书还使用美国 DMSP 多个卫星观测的夜间灯光数据（Dn）作为城市劳动生产率的代理变量。夜间灯光数据通过卫星传感器扫描获得，不受人为因素的干扰，精准度高，且夜间灯光数据可以捕获 GDP 数据难以统计的其他信息（如非正规经济或地下经济），具有较强的客观性和准确性（王贤彬和黄亮雄，2018）。因而，本书将城市夜间灯光密度数据作为劳动生产率的替代变量来检验估计结果的稳健性。路网密度（Street）用市辖区道路长度除以建成区面积表示。土地价格（Aveprice）为城市土地所有交易方式成交价款与所有交易方式成交面积的比值。车辆密度（Veh）用《中国区域统计年鉴》中的民用汽车拥有量除以建成区面积表示，民用汽车拥有量包含载客汽车、载货汽车和其他私人汽车。公共设施用地比重（B）用公共设施用地除以城市建设用地面积表示。2012 年起正式实施的《城市用地分类与规划建设用地标准》将旧版中"公共设施用地"拆分为"商业服务业用地""公共管理和公共服务用地"。为了保持统计口径一致，我们用 2012 年以后"商业服务业用地"与"公共管理和公共服务用地"之和表示"公共设施用地"。工业用地比重（I）用城市工业用地与城市建设用地的比值表示。城市道路用地比例（$Road$）用城市道路面积与建成区面积的比值测度。在控制道路用地比例的情况下，路网密度越大，意味着城市道路越窄。资本存量（$Kstock$）用永续盘存法计算：$K_{i,t} = (1-\delta)K_{i,t-1} + I_t/v_{i,t}$，其中 δ 是年折旧率，设 δ 为 5%，I_t 是全社会实际投资，$v_{i,t}$ 是城市所在省以 2000 年为基期的累积资本价格指数。物价水平（$Pindex$）是以 2003 年为基期的累计价格指数。居民效用水平是内生变量，本书根据数据的可获得性，使用滞后一年的人均社会消费品零售额（Pr）和文化教育指标中的人均教育支出（Pe）作为居民效用的工具变量。为了比较准确地估计大小城市车辆密度变化对城市生产率产生的不同影响，本书将 100 万人口以上和以下的城市分别划分为大城市和小城市。表 6-1 报告了全国城市以及大、小城市样本的描述性统计。

表 6-1 2003~2013 年中国地级及以上城市相关变量的描述性统计

变量	均值	标准差	最小值	最大值
$Prod$（生产率，元/人）	125450	62924	21769	466028
Dn（灯光密度）	6.3885	7.8430	0.1295	56.9963
Veh（车辆密度，辆/km²）	1707	1500	52	6912
$Street$（路网密度，km/km²）	6.78	3.05	1.07	24.53
B（公共设施用地占比）	0.1364	0.0678	0.0002	0.7651
I（工业用地占比）	0.2021	0.0921	0.0004	0.8557

变量	均值	标准差	最小值	最大值
Road（道路用地比例）	12.8227	7.3463	0.1333	78.4928
Aveprice（地价，万元/顷）	469.4	506.8	3.9	6650.0
Uarea（建成区，km²）	106.1	147.4	7.7	1349.8
Kstock（资本存量，亿元）	1266.6	2732.3	18.8	28965.9
Pindex（价格指数）	1.159	0.115	1	1.424
Pr（人均社会消费品零售额，元）	12167	10662	824	115472
Pe（人均教育支出，元）	579	493	47	5554

五、检验与估计

（一）路网密度、车辆密度对劳动生产率影响的计量检验

城市面板数据中有一些短期内不变的城市特征，如区位、环境、资源禀赋、文化习俗、历史传统等。面板数据模型可表示为 $Y_{it} = \sum (\beta_k X_{kit}) + u_i + e_{it}$，其中，$X_{ki}$ 表示解释变量，u_i 表示固定的城市特征。本书所有模型的 Hausman 检验都拒绝了随机效应原假设，表明 u_i 与某些解释变量 X_{ki} 相关，必须采用固定效应回归模型才能得到一致性参数估计。

为了检验城市交通密度、路网密度与城市生产率的非线性关系，且比较不同城市功能区交通密度、路网密度对城市生产率的不同影响，我们设置和检验三个不同的固定效应模型。表6-2报告了2003~2013年266个地级及以上城市的模型估计结果。模型1不含控制变量，模型2加入控制变量，检验交通密度、路网密度与城市劳动生产率之间的非线性关系。模型3增加城市商业区

（B）与工业区（I）面积比重与交通密度、路网密度的交叉项，检验交通密度、路网密度对城市不同功能区经济效率的影响。

先扼要分析控制变量的参数估计。模型2和模型3中城市道路用地比例（lnRoad）都对劳动生产率有正向影响，说明城市道路建设有利于降低产品运输和人员的出行成本、提高劳动生产率。地价（lnAveprice）的影响为负，但未通过显著性检验。建成区面积（lnUarea）的参数估计显著性较低。估计结果可能反映了我国城市土地供给的计划性。我国的《中华人民共和国城乡规划法》确定了建成区规模与规划人口规模相当，因此土地投入量和城市发达程度的相关性较低。资本存量（lnK）、物价水平（lnPindex）以及衡量居民效用的人均社会消费品零售额（lnPr）和人均教育支出（lnPe）的参数估计均显著为正，表明这些变量都对生产率有所贡献。估计结果验证了本书理论模型的合理性和计量结果的稳健性。

表6-2　交通密度、路网密度对劳动生产率影响的固定效应回归估计

变量	模型1		模型2		模型3	
	参数估计	（标准差）	参数估计	（标准差）	参数估计	（标准差）
$\ln Street$	0.7886 ***	（0.1672）	0.5471 ***	（0.1289）	0.5681 ***	（0.1286）
$\ln Veh$	0.8115 ***	（0.0419）	0.1503 ***	（0.0359）	0.1537 ***	（0.0358）
$\ln Street \times \ln Veh$	−0.1280 ***	（0.0223）	−0.0707 ***	（0.0172）	−0.0802 ***	（0.0172）
$B \times \ln Street \times \ln Veh$					0.0201 ***	（0.0050）
$I \times \ln Street \times \ln Veh$					0.0104 **	（0.0040）
$\ln Road$			0.0414 ***	（0.0117）	0.0654 ***	（0.0127）
$\ln Aveprice$			−0.0052	（0.0074）	−0.0055	（0.0074）
$\ln Uarea$			0.0102	（0.0302）	0.0180	（0.0303）
$\ln K$			0.0932 ***	（0.0195）	0.0888 ***	（0.0195）
$\ln Pindex$			0.8743 ***	（0.1082）	0.8699 ***	（0.1087）
$\ln Pr$			0.1166 ***	（0.0221）	0.1163 ***	（0.0223）
$\ln Pe$			0.1539 ***	（0.0163）	0.1549 ***	（0.0163）

续表

变量	模型 1		模型 2		模型 3	
	参数估计	（标准差）	参数估计	（标准差）	参数估计	（标准差）
Intercept	5.8909 ***	（0.3110）	6.7552 ***	（0.2770）	6.6939 ***	（0.2767）
样本数	266 × 11		266 × 11		266 × 11	
within R^2	0.5491		0.7457		0.7483	
Hausman 检验 χ^2	627.26		48.36		46.92	
显著性，P 值	0.0000		0.0000		0.0000	

注：***、**和*分别表示在1%、5%和10%的水平上显著；实际计算中使用去均值（Mean - Differenced）数据控制固定效应，所得的 R^2 是 within R^2（下同）。

以下考察交通密度、路网密度对城市劳动生产率的影响。模型 1 未引入控制变量，交通密度（$\ln Veh$）与路网密度（$\ln Street$）的参数估计显著为正，两者交互项的系数显著为负。在引入控制变量后，模型 2 中交通密度、路网密度以及两者交互项的系数绝对值有所不同，但显著性无明显变化。城市路网密度取极值的一阶条件（$d\ln Y/d\ln Street = 0$）是 $\ln Veh = 7.7383$，约为 2294 辆/平方千米。由于该极值点两边的 $d\ln Y/d\ln Street$ 值分别是正号和负号，表明当车辆密度小于道路承载能力时，路网密度有助于提高城市经济效率。但是，如果车辆密度过高，超过道路承载力，路网密度将会阻碍城市生产率的提升。回到样本数据，笔者发现我国城市平均车辆密度为 1701 辆/平方千米。此时，路网密度对劳动生产率的作用弹性系数约为 0.0211。然而，随着车辆密度的增加，路网密度对城市生产率的促进作用会相应减弱。这可能是因为当车辆密度过大甚至超过路网设计能力时，路网密度和交叉口数量过多也可能造成上下游交叉口相互干扰，并增加信号灯控制延误概率（叶彭姚和陈小鸿，2008），从而增加原有车辆的行车时间和成本，产生负外部性。由此断定，虽然路网密度对经济效率有积极作用，但高密度路网并不能完全解决拥堵问题。

模型 3 检验路网密度与车辆密度对城市不同功能区生产率的协同作用。交互项 B × ln*Street* × ln*Veh* 显著为正，与 ln*Street* × ln*Veh* 叠加表示交通密度与路网密度对商业区生产率的交互影响。模型 3 的估计结果意味着交通密度与路网密度对城市生产率的协同影响因城市不同功能分区而异。通过一阶求导，可得路网密度对商业区劳动生产率的影响为 0.5681 – 0.0802ln*Veh* + 0.0201 × B × ln*Veh*。可见，路网密度对劳动生产率的影响不仅取决于车辆密度，更与城市商业区规模（B）有关。在车辆密度取均值条件下，当商业区规模（B）超过临界值 0.1909 时，路网密度对劳动生产率有正向作用。而且，随着城市商业区规模（B）扩大，路网密度对劳动生产率的促进作用会相应增强。城市商业区是人口、车辆高度密集区域，这些区域往往也是交通拥堵区域。路网密度的增加对大商业区生产率具有正向作用，可能说明"窄马路，密路网"的模式有助于缓解城市商业区、学校和医院等人口、车辆密集区域的交通拥堵，提高其车辆通行能力。同理，当城市工业区规模（I）超过临界值 0.3689 时，路网密度对劳动生产率具有积极影响。我国城市工业区往往位于城市外围。但随着市中心经济活动的不断集聚，地价上涨、环境污染等拥挤负外部性开始显现，许多城市居民逐渐涌向城市外围，使得市区外围也变得越来越拥挤。因而，"窄马路，密路网"的设计也有助于缓解城市工业区拥堵，从而提高劳动生产率。

（二）分样本检验

我国不同地区经济发展水平和道路基础设施存在显著差距。但是，当前学术界并未系统研究城市路网密度对劳动生产率影响的地区差异和分布特征。为此，本书分别对东、中、西三大地区进行了估计（见表 6-3）。

表 6-3 估计结果显示，城市路网密度对劳动生产率的影响存在显著的地区差异。其中，模型 1 中路网密度及其与车辆密度的交互项（ln*Street* × ln*Veh*）的参数与基准回归结果相似。通过一阶求导，可以得出车辆密度的临界值为

7.28。在城市车辆密度达到该临界值之前，城市路网密度对劳动生产率具有促进作用；一旦超过临界点，路网密度对生产率的影响开始单调下降。样本期间内，我国东部地区平均车辆密度（$\ln Veh$）为7.58，已经超过临界值。因而，在车辆密度取均值的条件下，路网密度对东部城市劳动生产率的作用弹性为 -0.0664。模型2中交互项（$B \times \ln Street \times \ln Veh$ 和 $I \times \ln Street \times \ln Veh$）参数估计的符号及显著性与表6-2模型3中的估计结果相似，不再赘述。

表6-3 东、中、西部地区路网密度对劳动生产率影响的固定效应回归估计

变量	东部地区		中部地区		西部地区	
	模型1	模型2	模型3	模型4	模型5	模型6
$\ln Street$	1.6209***	1.5671***	0.2255	0.2880	-0.8136***	-0.7620***
	(0.2073)	(0.2066)	(0.2334)	(0.2342)	(0.2643)	(0.2638)
$\ln Veh$	0.5214***	0.4994***	0.0952	0.1171*	-0.2242***	-0.2119***
	(0.0656)	(0.0654)	(0.0665)	(0.0664)	(0.0666)	(0.0664)
$\ln Street \times \ln Veh$	-0.2226***	-0.2251***	-0.0312	-0.0526	0.1275***	0.1120***
	(0.0271)	(0.0270)	(0.0319)	(0.0324)	(0.0355)	(0.0357)
$B \times \ln Street \times \ln Veh$		0.0189***		0.0222**		0.0399***
		(0.0069)		(0.0100)		(0.0111)
$I \times \ln Street \times \ln Veh$		0.0114**		0.0372***		0.0068
		(0.0055)		(0.0096)		(0.0077)
$\ln Road$	0.0725***	0.1379***	0.0143	0.0430**	0.0431**	0.0603***
	(0.0222)	(0.0273)	(0.0187)	(0.0199)	(0.0204)	(0.0210)
$\ln Aveprice$	-0.0026	-0.0012	0.0023	0.0048	-0.0062	-0.0099
	(0.0126)	(0.0126)	(0.0121)	(0.0120)	(0.0141)	(0.0141)
$\ln Uarea$	-0.0372	-0.0504	0.0009	0.0196	0.0724	0.0914*
	(0.0506)	(0.0505)	(0.0561)	(0.0560)	(0.0527)	(0.0531)
$\ln K$	0.1467***	0.1485***	0.1285***	0.1336***	0.0892**	0.0776**
	(0.0309)	(0.0308)	(0.0351)	(0.0349)	(0.0358)	(0.0359)
$\ln Pindex$	0.4951**	0.5126**	0.8635***	0.8087***	0.7045***	0.6740***
	(0.2139)	(0.2147)	(0.1932)	(0.1953)	(0.1879)	(0.1878)

变量	东部地区		中部地区		西部地区	
	模型 1	模型 2	模型 3	模型 4	模型 5	模型 6
$\ln Pr$	0.1121 ***	0.1055 ***	0.1459 ***	0.1427 ***	0.1100 ***	0.1225 ***
	(0.0363)	(0.0367)	(0.0366)	(0.0366)	(0.0420)	(0.0422)
$\ln Pe$	0.1041 ***	0.1081 ***	0.1238 ***	0.1222 ***	0.2219 ***	0.2219 ***
	(0.0271)	(0.0270)	(0.0279)	(0.0276)	(0.0294)	(0.0293)
Observations	91 × 11	91 × 11	92 × 11	92 × 11	83 × 11	83 × 11
R - squared	0.7215	0.7280	0.7702	0.7746	0.7701	0.7733

注： ＊＊＊ 、 ＊＊ 、 ＊ 分别表示在 1% 、5% 和 10% 的水平上显著；括号内为稳健标准误。

值得注意的是，西部地区路网密度、车辆密度及其两者交互项参数估计的符号恰好与东部地区相反，且均通过了显著性检验。该结果意味着，我国西部地区车辆密度的增加有助于提高路网运输的规模经济，提高劳动生产率。据统计，我国西部地区的车辆密度（$\ln Veh$）的均值为 7.4045。在均值处，路网密度对劳动生产率的边际影响为 $-0.8449 + 0.1191 \times 7.4045 = 0.0369$，因而城市路网可以有效提高西部地区劳动生产率。根据车辆密度（$\ln Veh$）一次项及其与路网密度交互项（$\ln Street \times \ln Veh$）的参数估计，可以得到路网密度的临界点（$\ln Street = 1.98$）。当路网密度低于该阈值时，车辆密度的增加将抑制经济增长；一旦路网密度高于该阈值，车辆密度将对生产率有显著的促进作用。回到样本数据，我们发现西部地区的平均路网密度（$\ln Street$）为 1.70，低于临界值 1.98，即我国西部地区路网密度仍然较低。此外，需要说明的是，西部地区商业区（B）与交互项（$\ln Street \times \ln Veh$）的参数估计显著为正，与 $\ln Street \times \ln Veh$ 叠加共同表明了车辆密度和路网密度对西部地区劳动生产率的影响。该结果意味着，增加商业区的路网密度和车辆密度更有助于提高城市劳动生产率。而且，中心商务区越大，车辆密度和路网密度对生产率的提升作用越明显。

（三）稳健性检验

城市劳动生产率（人均 GDP）是本书主要的被解释变量。夜间灯光数据通过卫星传感器扫描获得，不受人为因素的干扰，精准度高，且夜间灯光数据可以捕获 GDP 数据难以统计的其他信息（如非正规经济或地下经济），具有较强的客观性和准确性（王贤彬和黄亮雄，2018）。因而，当前越来越多的国内外学者开始使用夜间灯光数据衡量一个地区的经济发展水平（Elvidge et al.，2009；Henderson et al.，2012；Wu et al.，2013；曹子阳等，2015；范子英等，2016；刘修岩等，2016，2017；张俊，2017）。鉴于此，本书使用美国 DMSP 多个卫星观测的夜间灯光数据作为劳动生产率的代理变量进行稳健性检验。

表 6 - 4   稳健性检验

变量	全国	东部	中部	西部
	模型 1	模型 2	模型 3	模型 4
$\ln Street$	0.1184 **	0.3318 ***	− 0.0096	0.1045
	(0.0460)	(0.0988)	(0.0671)	(0.0863)
$\ln Veh$	0.0662 ***	0.1295 ***	0.0890 ***	0.0204
	(0.0128)	(0.0280)	(0.0212)	(0.0217)
$\ln Street \times \ln Veh$	− 0.0119 *	− 0.0400 ***	0.0004	− 0.0046
	(0.0062)	(0.0137)	(0.0088)	(0.0117)
$B \times \ln Street \times \ln Veh$	0.0015	0.0070 *	0.0039 *	− 0.0089 **
	(0.0018)	(0.0042)	(0.0022)	(0.0036)
$I \times \ln Street \times \ln Veh$	0.0018	0.0065	0.0012	− 0.0029
	(0.0014)	(0.0040)	(0.0018)	(0.0025)
$\ln Road$	0.0192 ***	0.0264 ***	0.0159 *	0.0109
	(0.0045)	(0.0084)	(0.0089)	(0.0069)

续表

变量	全国	东部	中部	西部
	模型 1	模型 2	模型 3	模型 4
$\ln Aveprice$	0.0022	0.0037	− 0.0011	0.0064
	(0.0026)	(0.0051)	(0.0041)	(0.0046)
$\ln Uarea$	0.1163 ***	0.1505 ***	0.1264 ***	0.0911 ***
	(0.0108)	(0.0236)	(0.0164)	(0.0174)
$\ln K$	0.0651 ***	0.0502 ***	0.0643 ***	0.0772 ***
	(0.0070)	(0.0147)	(0.0100)	(0.0117)
$\ln Pindex$	0.1092 ***	0.0732	− 0.1265 *	0.2501 ***
	(0.0389)	(0.0824)	(0.0697)	(0.0614)
$\ln Pr$	0.0302 ***	0.0066	0.0351 ***	0.0435 ***
	(0.0080)	(0.0154)	(0.0119)	(0.0138)
$\ln Pe$	− 0.0086	− 0.0013	− 0.0033	− 0.0224 **
	(0.0058)	(0.0117)	(0.0088)	(0.0096)
$Intercept$	− 0.2442 **	− 0.7327 ***	0.3435 **	− 0.5597 ***
	(0.0990)	(0.2166)	(0.1589)	(0.1651)
Observations	266 × 11	91 × 11	92 × 11	83 × 11
R − squared	0.6937	0.6158	0.7641	0.7429

注：***、** 和 * 分别表示在 1%、5% 和 10% 的水平上显著；括号外的数据为参数据估计，括号内为稳健标准误。

表 6 − 4 回归结果显示，模型 1 和模型 2 中路网密度和车辆密度的参数估计均显著为正，两者交互项的系数均显著为负。该结果共同表明，我国城市车辆密度和路网密度对劳动生产率均有非线性影响。总体而言，使用灯光密度作为被解释变量的估计结果与表 6 − 2 和表 6 − 3 基本一致。

（四）进一步讨论

下面我们将进一步验证路网密度能否通过提高道路通行能力提高城市劳动生产率。表 6 − 5 显示，所有模型中车辆密度的一次项和二次项参数估计一正一负，表明交通密度与劳动生产率两者间存在稳定的倒 U 形关系，这与柯善咨和郑腾飞（2015）得出的结论一致。在达到道路设计能力以前，交通密度增加有利于降低平均成本，提高道路运输的规模经济和劳动力、中间投入品等要素投入的邻近性，同时还可以增强人员交流和技术外溢，最终效果是降低单位产品成本，提高劳动生产率。然而，一旦超过最优交通密度，拥堵成本将会超过由交通通达性所产生的规模经济和技术外溢，导致城市经济效率总体下降。

表 6-5　路网密度、道路通行能力与劳动生产率的固定效应回归估计

变量	模型 1 参数估计 （标准差）	模型 2 参数估计 （标准差）	模型 3 参数估计 （标准差）
$\ln Veh$	0.2872 *** (0.0965)	0.2874 *** (0.0966)	0.2925 *** (0.0963)
$(\ln Veh)^2$	−0.0201 *** (0.0063)	−0.0199 *** (0.0063)	−0.0204 *** (0.0063)
$\ln Street \times \ln Veh$		−0.0011 (0.0028)	−0.0057 * (0.0031)
$B \times \ln Street \times \ln Veh$			0.0209 *** (0.0047)
$I \times \ln Street \times \ln Veh$			0.0023 (0.0038)
$\ln Road$	0.0341 *** (0.0105)	0.0351 *** (0.0108)	0.0517 *** (0.0118)
$\ln Aveprice$	0.0063 (0.0071)	0.0063 (0.0071)	0.0060 (0.0071)
$\ln Uarea$	−0.0118 (0.0262)	−0.0168 (0.0291)	−0.0109 (0.0291)
$\ln K$	0.0158 (0.0191)	0.0164 (0.0192)	0.0148 (0.0192)

续表

变量	模型1 参数估计 (标准差)	模型2 参数估计 (标准差)	模型3 参数估计 (标准差)
$\ln Pindex$	0.7389 ***	0.7345 ***	0.7743 ***
	(0.2137)	(0.2141)	(0.2145)
$\ln Pr$	0.0052	0.0052	0.0071
	(0.0232)	(0.0232)	(0.0232)
$\ln Pe$	0.0945 ***	0.0948 ***	0.0943 ***
	(0.0167)	(0.0167)	(0.0167)
Intercept	8.6306 ***	8.6532 ***	8.5534 ***
	(0.5071)	(0.5104)	(0.5103)
样本数	266 × 11	266 × 11	266 × 11
within R^2	0.7838	0.7839	0.7859
Hausman 检验 χ^2	79.02	79.47	77.89
显著性，P 值	0.0000	0.0000	0.0000

注：***、**和*分别表示在1%、5%和10%的水平上显著；括号内为稳健标准误。

为了考察路网密度增加能否提升道路通行能力，我们在模型2中引入路网密度与交通密度的交叉项。如果交互项系数为正，那么最佳车辆密度将随着路网密度的增加而增大；反之，则将随着车辆密度的增加而降低。但是，模型2中路网密度与交通密度的交叉项为负且未通过显著性检验。模型3进一步引入了城市商业区、工业区分别与交通密度和路网密度的交互项。估计结果发现，车辆密度与路网密度的交互项显著为负，说明路网密度的增加可能会降低除城市商业区和工业区以外其他区域的车辆通过能力。城市商业区与交通密度和路网密度的交互项（$B \times \ln Street \times \ln Veh$）显著为正，将其与车辆密度与路网密度的交互项叠加（$-0.0057 \times \ln Street \times \ln Veh + 0.0209 B \times \ln Street \times \ln Veh$），表示车辆密度和路网密度对城市商业区生产率的交互影响。结果发现，只有城市商务用地比重（B）超过临界值0.27时，交互项（$\ln Street \times \ln Veh$）的系数才为正，即路网密度的增加有助于提高车辆通过能力。而且，商务区用地占比越高，"密路网"的道路承载力越强。在控制道路用地占比的条件下，路网密度越大意味着道路越窄。由此推断，"窄马路，密路网"的道路设计有助于提升车流密集的大都市区道路通过能力。

六、小结

本章根据交通拥堵的外部性原理构建了交通成本函数，分别分析了城市居民和厂商的最优化问题，进而设置了城市经济效率模型。利用我国 266 个地级及以上城市 2003～2013 年面板数据，实证检验了路网密度对劳动生产率的影响。本章的计量估计结果如下：①路网密度对城市劳动生产率具有显著的非线性影响。随着车辆密度的增加，路网密度对城市生产率的促进作用会相应减弱。当前，我国城市路网密度对劳动生产率的作用弹性约为 0.0211。②路网密度和车辆密度对劳动生产率的影响与城市商业区、工业区规模密切相关。城市商业区和工业区规模越大，路网密度对劳动生产率的促进作用越明显。③城市路网密度对劳动生产率的影响存在显著的地区差异。在东、西部城市车辆密度取均值的条件下，城市路网密度对东、西部地区劳动生产率的作用弹性分别为 −0.0664 和 0.0369。而且，随着车辆密度的不断增加，东部地区的路网密度对劳动生产率的抑制作用越明显，而西部地区车辆密度的增加有助于提高路网运输的规模经济，提高劳动生产率。④城市商务用地比重（B）超过临界值 0.27 时，路网密度的增加有助于提高城市最佳车辆密度，表明"窄马路，密路网"的模式有助于提升车流密集的大都市区的道路承载力。

本章的研究结论可以为制定相关的城市交通政策提供重要依据。第一，虽然路网密度的增加对提高道路通行能力有积极作用，但不应无休止地增加路网密度。样本期间内，我国城市平均路网密度为 6.2701 千米/平方千米，低于临界值（6.339 千米/平方千米），这说明我国城市路网密度仍有改进空间。然而，路网密度对经济效率的提升作用存在极限。城市规划者在采取"窄马路、密路网"的模式为城市加密时，应统筹考虑当地的车辆密度。第二，我国城市交通拥堵日趋严重，已经造成重大经济损失。城市商业区、学校和医院等区域同时为邻近地区提供车辆服务，城市商业区比其他区域有更多的人口和车辆，这些特点决定了商业区道路事实上要为更大的区域服务，而非只被城市商业区内部生产和生活所独用。同时，城市商业区普遍具有较高的劳动生产率，这些区域人口和车辆密度大的客观规律要求商业区的路网应有较大的道路承载力。"窄马路、密路网"的模式可以有效地提高城市商业区、学校和医院等人口密集区道路的通行能力、降低拥堵造成的生产性损失。但是，对于除人口密集区以外的其他地区，"窄马路，密路网"的模式无法提高甚至会加剧交通拥堵。规划建设城市交通基础设施时，决策者应根据城市不同功能区人口和交通的现状，因地制宜地实施旧路改造和路网密度设计。

第七章

结论与政策建议

本章内容分为三大部分：第一部分梳理和总结了各章研究结论；第二部分阐述了相应的政策含义；第三部分为研究不足及展望。

一、研究结论

交通基础设施的改善能降低企业异地管理成本，有利于促进地区之间功能专业化分工。本书根据 Fujita 等（1999）、梁琦等（2012）的区域间贸易、企业总部和工厂选址等相关理论，演绎运输成本、城市功能分工与劳动生产率之间的关系，进而提出了理论假设。本书通过构建相应理论模型，利用中国工业企业数据和城市面板数据，实证检验了交通基础设施、空间功能分工对劳动生产率的影响。研究发现，区域交通基础设施的发展可以显著降低异地协调成本，增强空间功能分工的专业化收益，而且交通基础设施的发展对制造型城市空间功能分工效应的提升作用更明显。进一步的研究发现，交通条件和空间功能分工对企业生产率的影响存在明显的行业差异，区域交通条件的改善更有助于提升低技术行业的空间功能分工效应。此外，研究还发现从高速公路建成到产生空间功能分工效应之间有较长的时滞：通常在高速公路建成多年后，相关城市的企业才能明显获得空间功能分工演进带来的收益。

交通网络是连接城市的纽带，发达的交通网络增强了远距离城市之间的空间关联性。学术界自提出城市网络之初就普遍认为交通基础设施在城市体系的形成和演化中具有重要作用。本书在已有研究基础上（柯善咨，2009；绽逸博，2015），再度利用上下游产业空间相关和城市等级与网络效应模型以及工业企业数据，深入检验了制造业在我国城市体系中的空间相关效应。研究结果证实：我国城市体系中等级效应与网络效应共存；城市竞争网络效应和互补网络效应分别抑制和促进了城市工业增长；中心城市经济增长带动了周边小城市制造业发展，小城市经济壮大也有利于大城市制造业发展。本书随后聚焦我国各地城市群内的网络效应，检验结果表明：城市群内网络竞争更加激烈，上游产业更加依赖群外市场，下游产业则明显受益于群内上游产业的发展；群内中心城市的经济增长抑制了其他城市制造业的发展。研究结果还显示，交通基础设施和城市网络协同作用于城市工业经济，促进了多数城市的制造业增长，也推动了发达城市的非工业化。

劳动技能匹配是集聚经济的一个重要来源，并导致了行业的不同区位偏好。本书将劳动技能匹配引入 Venables（2007）的理论模型，利用全国工业企业数据检验交通条件、城市规模和技能匹配对生产率的影响。理论分析和实证检验显示：交通条件、城市规模和企业培训不仅能改变技能匹配水平、提高企业生产率，而且具有替代作用。交通条件的改善提高了经济活动频率和人们交往的距离和速度，减小了劳动者技能与岗位不匹配造成的损失，故而降低了技能培训的潜在收益。技能培训缩小了劳动技能与工作岗位所需技能的差距，从而降低了交通基础设施改善匹配的收益。这说明交通条件和技能培训两者对企业生产率的作用具有替代性。不同城市规模的估计结果表明，交通条件与技能匹配对企业生产率的协同作用因城市规模不同而异，城市劳动力市场规模越大，技能匹配越好，城市交通与技能培训替代效应也越小。对高、中、低技术产业进行计量检验还发现，改善交通条件有助于提高特大城市高技术产业生产率，促进高技术产业向特大城市集聚。

我国城市规划者在增加城市道路供给的过程中，重视尺度而忽视了密度，形成了中国特色的"宽马路、大路网"模式。本书通过设置计量模型，对车辆密度、路网密度与城市劳动生产率之间的关系进行分析，研究发现路网密度对城市劳动生产率具有显著的非线性影响。随着车辆密度的增加，路网密度对城市生产率的促进作用会相应减弱。当前，我国城市路网密度对劳动生产率的作用弹性约为0.0211。路网密度和车辆密度对劳动生产率的影响与城市商业区、工业区规模密切相关。城市商业区和工业区规模越大，路网密度对劳动生产率的促进作用越明显。城市路网密度对劳动生产率的影响存在显著的地区差异。在东、西部城市车辆密度取均值的条件下，城市路网密度对东、西部地区劳动生产率的作用弹性分别为－0.0664和0.0369。而且，随着车辆密度的不断增加，东部地区的路网密度对劳动生产率的抑制作用越明显，而西部地区车辆密度的增加有助于提高路网运输的规模经济，提高劳动生产率。"窄马路、密路网"的模式有助于缓解城市商业区、学校和医院等人口、车辆密集区域的交通拥堵，提升车流密集的大都市区道路通行能力。

二、政策含义

根据本书的研究结果，交通基础设施不但影响城市间的分工与合作，同时对劳动技能匹配也有明显影响。因此，合理的交通基础设施建设不仅关系到传统产业优化升级，而且对存量资源优化配置有重要作用，这直接关系到我国经济的协调、可持续发展。具体而言，需要在政策上关注以下五个方面：

一是降低运输和交流成本，有利于优化产业布局，推进区域分工与合作。

随着各地交通条件的普遍改善，高技术产业具有向特大城市集聚、低技术产业从特大城市向其他城市转移的内在趋势，这在我国各地经济结构调整中具有现实意义。各地区在产业结构调整中应根据各自产业特点和城市规模因势利导，减少阻力，积极引进（和迁出）相关产业，促使大城市成为高技术产业中心，同时引导其他城市成为生产成本较低、产出效率较高的成熟产业基地。

二是要降低空间功能分工所产生的协调成本。企业总部与生产部门的分离会给企业带来严重的交流和协调成本（Henderson and Ono，2008）。所以，在空间功能分工的过程中，要加强产业上下游关联，增强分工专业化收益，同时还要从交通、物流等方面着手，降低企业交易成本。实证研究还显示，市场分割降低了空间功能分工对企业生产率的提升作用。区域间的市场分割是一个始终未能解决的问题，本书研究发现高速公路建设增强了区域间的互联互通，在一定程度上减缓了市场分割对空间功能分工和企业生产率的不利影响。但是，导致市场分割的制度性和非制度性的因素很多。政府当务之急就是取消各地之间的市场壁垒，整合区域内市场，协调地区之间的关系。

三是随着交通网络的发展和市场交易效率的提高，产业链各个不同的环节分散在不同的城市，促进了城市间的合作与竞争，进而影响着城市劳动生产率。在城市网络模式下，制定城市区域政策不应局限于所辖区域的发展，横向协调应是城市发展的题中之意。城市经济发展政策要立足于本地主导产业，同时应参考其他城市关联产业的发展，发挥城市产业网络的互补和协同作用。随着各行业技术和规模经济的发展、城市专业分工的深化，各类经济活动必然超越原有行政区域。为了实现生产者和消费者的区位最优化、发挥城市网络的外部性、降低社会管理成本、削减市场分割的动力，应促使各级地方政府逐步退出对本地工业生产活动的直接参与，让市场在更大地域范围的资源配置中起决定性作用。此外，城市群内各城市制造业同业之间的竞争激烈，城市群作为区域发展的重大策略在本书研究的样本时期尚未获得明显效果。因此，应提倡城市群内城市间合理分工，增强中心城市和周边城市上下游产业互补。同时，需要注意到区域交通条件和城市网络对城市制造业具有非线性协同效应；改善区域交通不仅能促进中小城市制造业发展，而且有利于发达城市的制造业转移和产业升级。

四是通过改善交通条件和增强职工技能培训提高劳动技能匹配效率和劳动生产率。劳动力市场错配降低了企业生产率，增强职工技能培训可提高人岗匹配质量和企业生产率。因此，各地和各行业主管部门应制定和实施优惠政策、鼓励企业增加培训支出。扩大城市规模和改善交通条件有利于提高劳动技能匹配效率。各地在城市化进程中应努力改善城市交通基础设施，促进劳动力流动，同时优先发展较大的城市，扩大城市劳动力市场，纠正劳动市场技能错配。

五是中国交通基础设施建设结构需要改善，政府相关部门应优化交通基础设施的网络结构，提高路网密度。本书研究表明，路网密度、车辆密度协同作用于城市生产率。虽然路网密度的增加对提高道路通行能力起到积极作用，但不应无休止地增加路网密度。城市规划者在采取"窄马路、密路网"的模式为城市加密时，应充分考虑当地的车辆密度。城市商业区、学校和医院等区域同时为邻近地区车辆提供服务，城市商业区比其他区域有更多的人口和车辆，这些特点决定了商业区道路事实上要为更大的区域服务，而非为城市商业区内部生产和生活所独用。同时，城市商业区普遍具有较高的劳动生产率，这些区域人口和车辆密度大的客观规律要求商业区的路网应有较大的道路承载力。"窄马路、密路网"的模式可以有效地提高城市商业区、学校和医院等人口密集区道路通行能力，降低拥堵造成的生产性损失。但是，对于除以上城市区域以外的其他地区，"窄马路，密路网"的模式无法提高甚至会加剧交通拥堵。规划建设城市交通基础设施时，决策者应根据城市不同功能区人口和交通的现状，因地制宜地实施旧路改造和路网密度设计。

三、研究不足与展望

由于笔者选取的研究方法和数据资料存在局限性，本书仍有些许不足之处，后续研究可以从以下三个方面进一步拓展。

第一，本书主要从城市分工合作的角度，探讨了区域交通对劳动生产率的影响。然而，随着我国经济逐步融入世界经济，对于推动我国产业迈向全球价值链中高端，实现经济高质量发展的需求越来越强烈，下一步研究需要重点关注交通基础设施对我国制造业在全球价值链中位置的影响。

第二，本书在分析交通基础设施的网络效应过程中，聚焦于我国内部跨地区城市间的网络竞争和网络互补。事实上，可以将研究视野进一步拓宽到跨国家城市间的相互作用，进而分析交通基础设施通过城市间网络竞争和互补对进出口贸易的影响。

第三，数据的可获得性是本书研究过程中所面临的重要障碍。在测度城市功能分工的过程中，用城市中制造业管理人员与生产人员的比值和全国制造业管理人员与生产人员的比值更合适。然而，在当前的统计年鉴中，制造业就业人员数据并未详细区分管理人员和生产人员。因此，我们在后续的研究中将持续关注这类数据的可获得性。

参考文献

〔1〕 Ali R, Barra A F, Berg C N, et al. Transport Infrastructure and Welfare: An Application to Nigeria 〔Z〕. World Bank Policy Research Working Paper, 2015 (7271).

〔2〕 Anselin L, Bera A K, Florax R, et al. Simple Diagnostic Tests for Spatial Dependence 〔J〕. Regional Science and Urban Economics, 1993, 26 (1): 77 – 104.

〔3〕 Bade F J, Laaser C F, Soltwedel R. Urban Specialization in the Internet Age: Empirical Findings for Germany 〔Z〕. Working Paper, 2004.

〔4〕 Banerjee A V, Duflo E, Qian N. On the Road: Access to Transportation Infrastructure and Economic Growth in China 〔J〕. Social Science Electronic Publishing, 2012, 11 (1): 1 – 53.

〔5〕 Bosker M, Buringh E. City seeds: Geography and the Origins of the European City System 〔J〕. Journal of Urban Economics, 2010, 98 (3): 139 – 157.

〔6〕 Brandt L, Wang L, Zhang Y. Productivity in Chinese Industry: 1998 – 2013 〔Z〕. Background Paper Prepared for World Bank/DRC Report "China: New Drivers of Growth", 2017.

[7] Burger M J, Meijers E J, Hoogerbrugge M M, et al. Borrowed Size, Agglomeration Shadows and Cultural Amenities in North – West Europe [J]. European Planning Studies, 2015, 23 (6): 1090 – 1109.

[8] Camagni R P, Salone C. Network Urban Structures in Northern Italy: Elements for a Theoretical Framework [J]. Urban Studies, 1993, 30 (6): 1053 – 1064.

[9] Camagni R, Diappi L, Stabilini S. City Networks in the Lombardy Region: An Analysis in Terms of Communication Flows [J]. Flux, 1994 (15): 37 – 50.

[10] Camagni R, Capello R, Caragliu A. The Rise of Second – rank Cities: What Role for Agglomeration Economies? [J]. European Planning Studies, 2015, 23 (6): 1069 – 1089.

[11] Capello R. The City Network Paradigm: Measuring Urban Network Externalities [J]. Urban Studies, 2000, 37 (11): 1925 – 1945.

[12] Cohen J P. Public Infrastructure Investment, Interstate Spatial Spillovers, and Manufacturing Costs [J]. Review of Economics and Statistics, 2004, 86 (2): 551 – 560.

[13] Combes P P, Mayer T, Thisse J F. Economic Geography [M]. New Jersey: Princeton University Press, 2008.

[14] Delgado M J, Álvarez I. Network Infrastructure Spillover in Private Productive Sectors: Evidence from Spanish High Capacity Roads [J]. Applied Economics, 2007, 39 (12): 1583 – 1597.

[15] De Goei B, M J Burger, F G Van Oort. Functional Polycentrism and Urban Network Development in the Greater South East, United Kingdom: Evidence from Commuting Patterns, 1981 – 2001 [J]. Regional Studies, 2010, 44 (9): 1149 – 1170.

[16] Elvidge, Christopher D, Ziskin, et al. A Fifteen Year Record of Global Natural Gas Flaring Derived from Satellite Data [J]. Energies, 2009 (2): 595 – 622.

[17] Duranton G, Puga D. From Sectoral to Functional Urban Specialisation [J]. Journal of Urban Economics, 2005, 57 (2): 343 – 370.

[18] Duranton G, Puga D. Micro – Foundations of Urban Agglomeration Economies [C] //Vernon Henderson, Jacques – franccis Thisse. Handbook of Regional and Urban Economics, 2003.

[19] Fujita M, Krugman P, Venables A. The Spatial Economy: Cities, Regions, and International Trade [M]. Cambridge: MIT Press, 1999.

[20] Fujita M, Tabuchi T. Regional Growth in Postwar Japan [J]. Regional Science and Urban Economics, 1997, 27 (6): 643 – 670.

[21] Gautier P A, Zenou Y. Car Ownership and the Labor Market of Ethnic Minorities [J]. Journal of Urban Economics, 2008, 67 (3): 392 – 403.

[22] Ghali K H. Public Investment and Private Capital Formation in a Vector Error – correction Model of Growth [J]. Applied Economics, 1998, 30 (6): 837 – 844.

[23] Gollin D, Rogerson R. Productivity, Transport Costs and Subsistence Agriculture [J]. Journal of Development Economics, 2014, 107 (107): 38 – 48.

[24] Graham D J. Variable Returns to Agglomeration and the Effect of Road Traffic Congestion [J]. Journal of Urban Economics, 2007, 62 (1): 103 – 120.

[25] Graham D J, Gibbons S, Martin R. Transport Investment and the Distance Decay of Agglomeration Benefits [Z]. Imperial College, Working Paper, 2009.

[26] Grossman G M, Rossihansberg E. The Rise of Offshoring: It's not Wine

for Cloth Anymore ［Z］. Proceedings of Federal Reserve Bank of Kansas City, 2006: 59 – 102.

［27］ Henderson J V , Ono Y. Where do Manufacturing Firms Locate Their Headquarters? ［J］. Journal of Urban Economics, 2008, 63 (2): 431 – 450.

［28］ Henderson J V, Quigley J, Lim E. Urbanization in China: Policy Issues and Options ［Z］. NBER, Brown University, 2009.

［29］ Henderson J V , Storeygard A , Weil D N. Measuring Economic Growth from Outer Space ［J］. The American Economic Review, 2012, 102 (2): 994 – 1028.

［30］ Helpman E, Krugman P R. Market Structure and Foreign Trade: Increasing Returns, Imperfect Competition and the International Economy ［M］. Cambridge: MIT Press, 1985.

［31］ Helsley R W, Strange W C. Matching and Agglomeration Economies in a System of Cities ［J］. Regional Science and Urban Economics, 1990, 20 (2): 189 – 212.

［32］ Holtz – Eakin D. Public – Sector Capital and the Productivity Puzzle ［J］. Review of Economics and Statistics, 1994, 76 (1): 12 – 21.

［33］ Johansson B, Quigley J M. Agglomeration and Networks in Spatial Economies ［J］. Papers in Regional Science, 2004, 83 (1): 165 – 176.

［34］ Ke S , He M , Yuan C. Synergy and Co – agglomeration of Producer Services and Manufacturing: A Panel Data Analysis of Chinese Cities ［J］. Regional Studies, 2014, 48 (11): 1829 – 1841.

［35］ Krugman P. Increasing Returns and Economic Geography ［J］. Journal of Political Economy, 1991, 99 (3): 483 – 499.

［36］ Krugman P R. Scale Economies, Product Differentiation, and the Pattern of Trade ［J］. The American Economic Review, 1980 (70): 950 - 959.

［37］ Krugman P, A Venables. Globalization and the Inequality of Nations ［J］. The Quarterly Journal of Economics, 1995, 110 (4): 857 - 880.

［38］ Lesage J P, Pace R K. Introduction to Spatial Econometrics ［M］. Boca Raton: CRC Press, 2009.

［39］ Lin T, Truong T P. Transport Improvement, Agglomeration Effect and Urban Productivity: The Case of Chinese Cities ［C］. Transportation Research Board 92nd Annual Meeting, 2012.

［40］ Liu L, Dong X, Liu X. Quantitative Study of the Network Tendency of the Urban System in China ［J］. Journal of Urban Planning and Development, 2014, 140 (2): 1943 - 2116.

［41］ Marshall A. Principles of Economics: An Introductory Volume ［M］. London: Macmillan, 1961.

［42］ Meijers E J. Metropolitan Labor Productivity and Urban Spatial Structure ［M］. Berlin: Metropolitan Regions. Springer, 2013: 141 - 166.

［43］ Meijers E J, Burger M J, Hoogerbrugge M M. Borrowing Size in Networks of Cities: City Size, Network Connectivity and Metropolitan Functions in Europe ［J］. Papers in Regional Science, 2016, 95 (1): 181 - 198.

［44］ Meijers E J, Burger M J. Stretching the Concept of "Borrowed Size" ［J］. Urban Studies, 2017, 54 (1): 269 - 291.

［45］ Munnell A H. Why Has Productive Growth Declined? Productivity and Public Investment ［J］. New England Economic Review, 1990, 3 (1): 3 - 22.

［46］ Nadiri M I, Mamuneas T P. The Effects of Public Infrastructure and R&D Capital on the Cost Structure and Performance of U.S. Manufacturing Industries ［J］. Review of Economics and Statistics, 1994, 76 (1): 22 - 37.

［47］ Neal Z P. From Central Places to Network Bases: A Transition in the U. S. Urban Hierarchy, 1900 – 2000 ［J］. City and Community, 2011, 10 （1）: 49 – 75.

［48］ Oort F V, Burger M, Raspe O. On the Economic Foundation of the Urban Network Paradigm: Spatial Integration, Functional Integration and Economic Complementarities within the Dutch Randstad ［J］. Erim Report, 2010, 47 （4）: 725 – 748.

［49］ Phillips D C. Getting to work: Experimental Evidence on Job Search and Transportation Costs ［J］. Labour Economics, 2014 （29）: 72 – 82.

［50］ Pradhan R P, Bagchi T P. Effect of Transportation Infrastructure on Economic Growth in India: The VECM Approach ［J］. Research in Transportation Economics, 2013, 38 （1）: 139 – 148.

［51］ Presbitero A F. Too Much and Too Fast? Public Investment Scaling – up and Absorptive Capacity ［J］. Journal of Development Economics, 2016 （120）: 17 – 31.

［52］ Saidi S, Shahbaz M, Akhtar P. The Long – run Relationships between Transport Energy Consumption, Transport Infrastructure, and Economic Growth in MENA Countries ［J］. Transportation Research Part A Policy and Practice, 2018 （111）: 78 – 95.

［53］ Shirley C, Winston C. Firm Inventory Behavior and the Returns from Highway Infrastructure Investments ［J］. Journal of Urban Economics, 2004, 55 （2）: 398 – 415.

［54］ Sylvie Démurger. Infrastructure Development and Economic Growth: An Explanation for Regional Disparities in China? ［J］. Journal of Comparative Economics, 2001, 29 （1）: 0 – 117.

［55］ Tikoudis I, Sundberg M, Karlström A. The Effects of Transport Infrastructure on Regional Economic Development: A Simulated Spatial Overlapping Generations Model with Heterogenous Skill ［J］. Journal of Transport and Land Use, 2012, 5 （5）: 77 – 101.

［56］ Venables A J. Equilibrium Locations of Vertically Linked Industries ［J］. International Economic Review, 1996, 37 （2）: 341 – 359.

［57］ Venables A J. Evaluating Urban Transport Improvements: Cost – Benefit Analysis in the Presence of Agglomeration and Income Taxation ［J］. Journal of Transport Economics and Policy, 2007, 41 （2）: 173 – 188.

［58］ Venables A J. Equilibrium Locations of Vertically Linked Industries ［J］. International Economic Review, 1996, 37 （2）: 341 – 359.

［59］ Weisbrod G, Vary D, Treyz G. Economic Implications of Congestion ［M］ //NCHRP Report 463. Washington: Transportation Research Board, 2001.

［60］ Wu J, He S, Peng J, et al. Intercalibration of DMSP – OLS Night – time Light Data by the Invariant Region Method ［J］. International Journal for Remote Sensing, 2013, 34 （20）: 7356 – 7368.

［61］ Zhao L, Torfs W. Everybody Needs Good Neighbors? Labor Mobility Costs, Cities and Matching ［J］. Regional Science and Urban Economics, 2015 （55）: 39 – 54.

［62］ Zheng X. Economies of Network, Urban Agglomeration, and Regional Development: A Theoretical Model and Empirical Evidence ［J］. Regional Studies, 2010, 41 （5）: 559 – 569.

［63］ 蔡军. 转向比例与合理干路网密度研究 ［J］. 城市交通, 2005 （4）: 58 – 62.

［64］ 蔡军, 路晓东. 路网密度对城市公共汽车交通发展的影响 ［J］. 城

市交通，2016，14（2）：1-9，58.

［65］曹子阳，吴志峰，匡耀求，等. DMSP/OLS 夜间灯光影像中国区域的校正及应用［J］. 地球信息科学学报，2015，17（9）：1092-1102.

［66］陈建军. 长三角区域经济一体化的历史进程与动力结构［J］. 学术月刊，2008（8）：79-85.

［67］陈小鸿，叶彭姚. 交叉口左转车流比例对路网运行效率的影响［J］. 同济大学学报（自然科学版），2008（8）：1067-1072.

［68］陈伟劲，马学广，蔡莉丽. 珠三角城市联系的空间格局特征研究——基于城际客运交通流的分析［J］. 经济地理，2013，33（4）：48-55.

［69］范子英，彭飞，刘冲. 政治关联与经济增长——基于卫星灯光数据的研究［J］. 经济研究，2016（1）：114-126.

［70］方创琳. 城市群空间范围识别标准的研究进展与基本判断［J］. 城市规划学刊，2009（4）：1-6.

［71］方创琳，关兴良. 中国城市群投入产出效率的综合测度与空间分异［J］. 地理学报，2011，66（8）：1011-1022.

［72］冯泰文. 生产性服务业的发展对制造业效率的影响——以交易成本和制造成本为中介变量［J］. 数量经济技术经济研究，2009，26（3）：56-65.

［73］高翔，龙小宁，杨广亮. 交通基础设施与服务业发展——来自县级高速公路和第二次经济普查企业数据的证据［J］. 管理世界，2015（8）：81-96.

［74］郝伟伟，张梅青. 交通改进、城市紧凑度与城市生产率关系实证研究——基于中国地级市空间面板数据计量分析［J］. 经济问题探索，2016（3）：66-75.

［75］金晓雨. 中国生产性服务业发展与城市生产率研究［J］. 产业经济研究，2015（6）：32-41.

[76] 黄莉芳，黄良文，郭玮．生产性服务业对制造业前向和后向技术溢出效应检验［J］．产业经济研究，2011（3）：29-37．

[77] 柯善咨．中国城市与区域经济增长的扩散回流与市场区效应［J］．经济研究，2009（8）：85-98．

[78] 柯善咨，郑腾飞．中国城市车辆密度、劳动生产率与拥堵成本研究［J］．中国软科学，2015（3）：65-79．

[79] 柯善咨，赵曜．产业结构、城市规模与中国城市生产率［J］．经济研究，2014（4）：76-88．

[80] 冷炳荣，杨永春，李英杰，等．中国城市经济网络结构空间特征及其复杂性分析［J］．地理学报，2011，66（2）：199-211．

[81] 梁琦，丁树，王如玉．总部集聚与工厂选址［J］．经济学（季刊），2012（3）：1137-1166．

[82] 李涵，黎志刚．交通基础设施投资对企业库存的影响——基于我国制造业企业面板数据的实证研究［J］．管理世界，2009（8）：73-80．

[83] 李涵，唐丽淼．交通基础设施投资、空间溢出效应与企业库存［J］．管理世界，2015（4）：126-136．

[84] 李培．中国城市间的分工效应研究［J］．财经研究，2008（4）：72-81．

[85] 李松林，刘修岩．中国城市体系规模分布扁平化：多维区域验证与经济解释［J］．世界经济，2017（11）：146-171．

[86] 李煜伟，倪鹏飞．外部性、运输网络与城市群经济增长［J］．中国社会科学，2013（3）：22-42．

[87] 刘勇．交通基础设施投资、区域经济增长及空间溢出作用——基于公路、水运交通的面板数据分析［J］．中国工业经济，2010（12）：37-46．

[88] 吕政，刘勇，王钦．中国生产性服务业发展的战略选择——基于产

业互动的研究视角 [J]. 中国工业经济, 2006 (8): 5 – 12.

[89] 廖茂林, 许召元, 胡翠, 喻崇武. 基础设施投资是否还能促进经济增长? ——基于 1994 – 2016 年省际面板数据的实证检验 [J]. 管理世界, 2018, 34 (5): 63 – 73.

[90] 林理升, 王晔倩. 运输成本、劳动力流动与制造业区域分布 [J]. 经济研究, 2006 (3): 115 – 125.

[91] 林毅夫, 向为, 余淼杰. 区域型产业政策与企业生产率 [J]. 经济学 (季刊), 2018, 17 (2): 781 – 800.

[92] 刘秉镰, 刘玉海. 交通基础设施建设与中国制造业企业库存成本降低 [J]. 中国工业经济, 2011 (5): 69 – 79.

[93] 刘生龙, 胡鞍钢. 基础设施的外部性在中国的检验: 1988—2007 [J]. 经济研究, 2010, 45 (3): 4 – 15.

[94] 刘维刚, 倪红福, 夏杰长. 生产分割对企业生产率的影响 [J]. 世界经济, 2017 (8): 31 – 54.

[95] 刘修岩, 李松林, 秦蒙. 开发时滞、市场不确定性与城市蔓延 [J]. 经济研究, 2016 (8): 159 – 171.

[96] 刘修岩, 李松林, 秦蒙. 城市空间结构与地区经济效率——兼论中国城镇化发展道路的模式选择 [J]. 管理世界, 2017 (1): 51 – 64.

[97] 龙科军, 李磊, 肖向良, 赵文秀. 城市路网交通运行效率评价 [J]. 中南大学学报 (自然科学版), 2013, 44 (S1): 430 – 435.

[98] 鲁晓东, 连玉君. 中国工业企业全要素生产率估计: 1999 – 2007 [J]. 经济学 (季刊), 2012, 11 (2): 541 – 558.

[99] 马伟, 王亚华, 刘生龙. 交通基础设施与中国人口迁移: 基于引力模型分析 [J]. 中国软科学, 2012 (3): 69 – 77.

[100] 聂辉华, 江艇, 杨汝岱. 中国工业企业数据库的使用现状和潜在

问题［J］．世界经济，2012（5）：142 - 158．

［101］宋吉涛，方创琳，宋敦江．中国城市群空间结构的稳定性分析［J］．地理学报，2015，61（12）：1311 - 1325．

［102］宋伟，李秀伟，修春亮．基于航空客流的中国城市层级结构分析［J］．地理研究，2008（4）：917 - 926．

［103］苏红键，赵坚．产业专业化、职能专业化与城市经济增长——基于中国地级单位面板数据的研究［J］．中国工业经济，2011（4）：25 - 34．

［104］孙晓华，王昀．企业规模对生产率及其差异的影响——来自工业企业微观数据的实证研究［J］．中国工业经济，2014（5）：57 - 69．

［105］王猛，高波，樊学瑞．城市功能专业化的测量和增长效应：以长三角城市群为例［J］．产业经济研究，2015（6）：42 - 51．

［106］王贤彬，黄亮雄．夜间灯光数据及其在经济学研究中的应用［J］．经济学动态，2018（10）：75 - 87．

［107］王垚，王春华，洪俊杰．自然条件、行政等级与中国城市发展［J］．管理世界，2015（1）：41 - 50．

［108］魏后凯．大都市区新型产业分工与冲突管理——基于产业链分工的视角［J］．中国工业经济，2007（2）：28 - 34．

［109］吴奇兵，陈峰，黄垚等．北京市机动车拥堵成本测算与分析［J］．交通运输系统工程与信息，2011，11（1）：168 - 172．

［110］谢千里，罗斯基，张轶凡．中国工业生产率的增长与收敛［J］．经济学（季刊），2008，7（3）：809 - 826．

［111］谢旭轩，张世秋，易如．北京市交通拥堵的社会成本分析［J］．中国人口·资源与环境，2011，21（1）：28 - 32．

［112］徐塱，欧国立．交通基础设施对区域间制造业分工的影响——基于制造业细分行业数据的实证研究［J］．经济问题探索，2016（8）：28 - 35．

［113］姚士谋，陈爽．长江三角洲地区城市空间演化趋势［J］．地理学报，1998（S1）：1-10．

［114］叶昌友，王遐见．交通基础设施、交通运输业与区域经济增长——基于省域数据的空间面板模型研究［J］．产业经济研究，2013（2）：40-47．

［115］叶彭姚，陈小鸿．基于交通效率的城市最佳路网密度研究［J］．中国公路学报，2008（4）：94-98．

［116］于涛方，顾朝林，李志刚．1995年以来中国城市体系格局与演变——基于航空流视角［J］．地理研究，2008，27（6）：1407-1418．

［117］绽逸博．城市网络效应对城市经济增长的影响［D］．长沙：湖南大学硕士学位论文，2015．

［118］张浩然，衣保中．基础设施、空间溢出与区域全要素生产率——基于中国266个城市空间面板杜宾模型的经验研究［J］．经济学家，2012（2）：61-67．

［119］张光南，宋冉．中国交通对"中国制造"的要素投入影响研究［J］．经济研究，2013（7）：63-75．

［120］张光南，洪国志，陈广汉．基础设施、空间溢出与制造业成本效应［J］．经济学（季刊），2014，13（1）：285-304．

［121］张俊．高铁建设与县域经济发展——基于卫星灯光数据的研究［J］．经济学（季刊），2017，16（4）：1533-1562．

［122］张若雪．从产品分工走向功能分工：经济圈分工形式演变与长期增长［J］．南方经济，2009（9）：37-48．

［123］张天华，陈力，董志强．高速公路建设、企业演化与区域经济效率［J］．中国工业经济，2018（1）：79-99．

［124］张学良．中国交通基础设施促进了区域经济增长吗——兼论交通

基础设施的空间溢出效应［J］．中国社会科学，2012（3）：60 - 77．

［125］赵渺希，吴康，刘行健，本·迪鲁德．城市网络的一种算法及其实证比较［J］．地理学报，2014，69（2）：169 - 183．

［126］赵勇，魏后凯．政府干预、城市群空间功能分工与地区差距——兼论中国区域政策的有效性［J］．管理世界，2015（8）：14 - 29．

［127］赵勇，白永秀．中国城市群功能分工测度与分析［J］．中国工业经济，2012（11）：18 - 30．

［128］钟昌标，黄远浙，刘伟．外资进入速度、企业异质性和企业生产率［J］．世界经济，2015（7）：53 - 72．

［129］周海波，胡汉辉，谢呈阳，戴萌．地区资源错配与交通基础设施：来自中国的经验证据［J］．产业经济研究，2017（1）：100 - 113．

［130］周浩，郑筱婷．交通基础设施质量与经济增长：来自中国铁路提速的证据［J］．世界经济，2012（1）：78 - 97．

［131］周黎安，张维迎，顾全林，汪森军．企业生产率的代际效应和年龄效应［J］．经济学（季刊），2007（4）：1297 - 1318．

附录 产业分类及制造业代码转换对应表

附表 1 高中低技术产业分类

分类	产业（SIC 代码）
高技术产业	核燃料加工业（2530），信息化学品制造业（2665），医药制造业（27），医疗仪器设备及器械制造业（368），航空航天器制造业（376），通信设备、计算机及其他电子设备制造业（40），通用仪器仪表制造业（411），专用仪器仪表制造业（412），光学仪器制造业（4141），复印和胶印设备制造业（4154），计算器及货币专用设备制造业（4155），其他仪器仪表的制造及修理业（4190）
中技术产业	文教体育用品制造业（24），化学原料及化学制品制造业（26，不含信息化学品制造业 2665），化学纤维制造业（28），塑料制品业（30），非金属矿物制品业（31），有色金属冶炼及压延加工业（33），金属制品业（34），通用设备制造业（35），专用设备制造业（36，除医疗仪器设备及器械制造业 368），交通运输设备制造业（37，除航空航天器制造业 376），电气机械及器材制造业（39），眼镜制造业（4142），文化、办公用机械制造业（415，除复印和胶印设备制造业 4154，计算器及货币专用设备制造业 4155），工艺品及其他制造业（42）
低技术产业	农副食品加工业（13），食品制造业（14），饮料制造业（15），烟草制品业（16），纺织业（17），纺织服装鞋帽制造业（18），皮革、毛皮、羽毛（绒）及其制品业（19），木材加工及木、竹、藤、棕、草制品业（20），家具制造业（21），造纸及纸制品业（22），印刷业和记录媒介的复制（23），石油加工、炼焦及核燃料加工业（25，不含核燃料加工业 2530），橡胶制品业（29），黑色金属冶炼及压延加工业（32），废弃资源和废旧材料回收加工业（43）

附表 2　制造业代码转换对应表

《国民经济行业分类》 （GB—T4754－2002） 代码和名称	《2007 年中国投入产出表》 代码和名称
13 农副食品加工业	11 谷物磨制业，12 饲料加工业，13 植物油加工业，14 制糖业，15 屠宰及肉类加工业，16 水产品加工业，17 其他食品加工业
14 食品制造业	18 方便食品制造业，19 液体乳及乳制品制造业，20 调味品、发酵制品制造业，21 其他食品制造业
15 饮料制造业	22 酒精及酒的制造业，23 软饮料及精制茶加工业
16 烟草制品业	24 烟草制品业
17 纺织业	25 棉、化纤纺织及印染精加工业，26 毛纺织和染整精加工业，27 麻纺织、丝绢纺织及精加工业，28 纺织制成品制造业，29 针织品、编织品及其制品制造业
18 纺织服装、鞋、帽制造业	30 纺织服装、鞋、帽制造业
19 皮革、毛皮、羽毛（绒）及其制品业	31 皮革、毛皮、羽毛（绒）及其制品业
20 木材加工及木、竹、藤、棕、草制品业	32 木材加工及木、竹、藤、棕、草制品业
21 家具制造业	33 家具制造业
22 造纸及纸制品业	34 造纸及纸制品业
23 印刷业和记录媒介的复制	35 印刷业和记录媒介的复制
24 文教体育用品制造业	36 文教体育用品制造业
25 石油加工、炼焦及核燃料加工业	37 石油及核燃料加工业，38 炼焦业
26 化学原料及化学制品制造业	39 基础化学原料制造业，40 肥料制造业，41 农药制造业，42 涂料、油墨、颜料及类似产品制造业，43 合成材料制造业，44 专用化学产品制造业，45 日用化学产品制造业
27 医药制造业	46 医药制造业
28 化学纤维制造业	47 化学纤维制造业
29 橡胶制品业	48 橡胶制品业
30 塑料制品业	49 塑料制品业

续表

《国民经济行业分类》 （GB—T4754－2002）	《2007 年中国投入产出表》
代码和名称	代码和名称
31 非金属矿物制品业	50 水泥、石灰和石膏制造业，51 水泥及石膏制品制造业，52 砖瓦、石材及其他建筑材料制造业，53 玻璃及玻璃制品制造业，54 陶瓷制品制造业，55 耐火材料制品制造业，56 石墨及其他非金属矿物制品制造业
32 黑色金属冶炼及压延加工业	57 炼铁业，58 炼钢业，59 钢压延加工业，60 铁合金冶炼业
33 有色金属冶炼及压延加工业	61 有色金属冶炼及合金制造业，62 有色金属压延加工业
34 金属制品业	63 金属制品业
35 通用设备制造业	64 锅炉及原动机制造业，65 金属加工机械制造业，66 起重运输设备制造业，67 泵、阀门、压缩机及类似机械的制造业，68 其他通用设备制造业
36 专用设备制造业	69 矿山、冶金、建筑专用设备制造业，70 化工、木材、非金属加工专用设备制造业，71 农、林、牧、渔专用机械制造业，72 其他专用设备制造业
37 交通运输设备制造业	73 铁路运输设备制造业，74 汽车制造业，75 船舶及浮动装置制造业，76 其他交通运输设备制造业
39 电气机械及器材制造业	77 电机制造业，78 输配电及控制设备制造业，79 电线、电缆、光缆及电工器材制造业，80 家用电力和非电力器具制造业，81 其他电气机械及器材制造业
40 通信设备、计算机及其他电子设备制造业	82 通信设备制造业，83 雷达及广播设备制造业，84 电子计算机制造业，85 电子元器件制造业，86 家用视听设备制造业，87 其他电子设备制造业
41 仪器仪表及文化、办公用机械制造业	88 仪器仪表制造业，89 文化、办公用机械制造业
42 工艺品及其他制造业	90 工艺品及其他制造业
43 废弃资源和废旧材料回收加工业	91 废品废料

后 记

经济社会发展需要交通先行，交通基础设施对经济发展的重要性毋庸置疑。以往的研究在产品内分工和上下游产业竞争与合作层面探讨交通基础设施的空间功能分工效应和城市体系的等级与网络效应略显不足，也未对交通条件如何影响劳动技能匹配进行系统分析。本书正是为弥补这些不足或缺失而做的努力。

本书试图在以下方面推进该领域的研究：首先，以交通成本为纽带，通过整合区域间贸易理论、劳动技能匹配理论、中间品投入和产业间投入产出理论，以及拥堵的外部性等理论，构建统一的分析框架，探讨交通基础设施与劳动生产率之间的关系，为促进企业和城市经济发展奠定理论基础。其次，在理论基础上系统地分析交通基础设施和城市经济发展的若干具体问题。比如，在区域间贸易、企业总部和工厂选址等相关理论的基础上，演绎运输成本、城市功能分工与劳动生产率之间的关系；在区域间贸易、中间投入品和产业间投入产出理论基础上，刻画上下游产业在城市间的竞争和互补关系；基于交通条件－城市规模－生产率理论框架，分析了城市交通条件、城市规模和劳动技能匹配对企业生产率的影响；基于拥堵的外部性理论，探讨路网密度与劳动生产率间的关系，为交通基础设施建设提供参考。最后，因本书样本丰富，包含了从省、市到企业的面板数据，故而分析结果具有比较普遍的现实意义。

书中的观点都只属于笔者，可能存在的错误和缺点也由笔者负责，与笔者所在机构和资助机构无关。

郑腾飞

2021 年 7 月